随筆

人間凱歌《がいか》の光彩《ひかり》

池田大作

聖教新聞社

池田大作先生と香峯子夫人

まえがき

それは七十年前《まえ》の一九五三年（昭和《しょうわ》二十八年）。

二十五歳《さい》の私は、男子部の第一部隊《ぶたい》の部隊長として、広宣流布《こうせんるふ》の大ロマンに向かい、愛する同志たちと励まし合いながら邁進《まいしん》していた。

年頭《ねんとう》、三百三十七人からスタートした部隊《ぶたい》を、年末の男子部総会には一千人に拡大《かくだい》して結集《けっしゅう》することを、皆《みな》で目標と掲《かか》げたのである。秋から冬へ、「学会の先駆《せんく》はくずさじ第一部隊」との誇《ほこ》りに燃えて、前進《ぜんしん》の勢《いきお》いは増《ま》した。

迎《むか》えた総会の会場は、都内《とない》の大学の講堂《こうどう》である。目標の人材結集《けっしゅう》を実現《じつげん》する中で、埼玉県のメンバー五十人が、大型の貸《か》し切《き》りバスで勇《いさ》んでやって来た。私は校門の前で降《お》りようとする友を制《せい》し、自《みずか》らバスを講堂の前まで誘導《ゆうどう》した。そこで凱旋《がいせん》の行進《こうしん》を迎《むか》えるように同志の大拍手《だいはくしゅ》が沸《わ》き立ち、埼玉の丈夫《ますらお》は一人《ひとり》ひとり誇《ほこ》らしげに学会歌を歌いながら降りてきた。ささやかなれど、地涌《じゆ》の青春劇《せいしゅんげき》の栄光を讃《たた》える晴《は》れ舞台《ぶたい》となったのだ。

「異体同心《いたいどうしん》」の宝友《ほうゆう》と苦楽《くらく》を共《とも》に、広宣流布《こうせんるふ》の大誓願《だいせいがん》に生き抜いてきた幾春秋《いくしゅんじゅう》――。

ある時は、皆《みな》と心から「万歳《ばんざい》！」を叫《さけ》び、またある時は、「エイ、エイ、オー！」と、力《ちから》の限《かぎ》り拳《こぶし》を突《つ》き上《あ》げた。わが胸には、立正安《りっしょうあん》国《こく》の戦友《せんゆう》たちの勝《か》ち鬨《どき》の声とともに、いくつもの黄金《おうごん》の光景《こうけい》、無数《むすう》の満開《まんかい》の笑顔《えがお》が浮《う》かぶ。

一九八一年（昭和五十六年）十二月、大分の竹田《たけた》の友と、あの岡城《おかじょう》址《し》で「荒城《こうじょう》の月」を歌った声も、熊本の友と「田原坂《たばるざか》」を歌った声も、「我《われ》ら師弟《してい》は勝った！」との師子吼《ししく》となって大空《おおぞら》に響《ひび》き渡《わた》った。

翌《よく》八二年一月、〝雪の秋田指導〟の時もそうだ。白雪《はくせつ》舞《ま》う中、「吹雪《ふぶき》に胸はり……」と「人間革命の歌」を大合唱し、「エイエイ、オー」と勝ち鬨《どき》をあげた。広布史《こうふし》に輝《かがや》く大歓喜《だいかんき》の勝利宣言《しょうりせんげん》となったのである。

さかのぼれば、「エイエイ、オー」の歴史は古く、日蓮大聖人の御在世《ございせ》である鎌倉時代には、すでに使われていた可能性がある。

戦闘開始《せんとうかいし》を告《つ》げる〝鬨《とき》の声〟であり、大将《たいしょう》が「えいえい」と叫《さけ》ぶと、全軍《ぜんぐん》が「おう」と応《こた》える。これを三度繰《く》り返《かえ》すのが通例《つうれい》だったという。戦い勝った喜《よろこ》びの声でもあり、今と変わらない。

大聖人は、健気《けなげ》なる正義《せいぎ》の創価家族が轟《とどろ》かせゆく平和の大闘争《だいとうそう》の勝《か》ち鬨《どき》を、「善《よ》きかな、善きかな」と愛《め》でてくださっているであろう。

日本だけではない。世界広布《こうふ》の王者《おうじゃ》・ブラジルの同志の〝勝《か》ち鬨《どき》〟も忘れられない。

軍事政権下《ぐんじせいけんか》の圧迫《あっぱく》が続き、私も十八年の長きにわたって入国《にゅうこく》できなかった。メンバーは、この試練《しれん》の時にあっても、毅然《きぜん》と頭《こうべ》を上《あ》げた。一九七四年には、私が出席できなかった文化祭を、不屈《ふくつ》の師弟《してい》共戦《きょうせん》の心でやりきった。

その時、同志は、「エ・ピケ、エ・ピケ……ピケ、ピケ！……」と、日本語でいえば「エイエイ、オー」の勝《か》ち鬨《どき》に通《つう》ずる掛《か》け声を、会場にいない私に届《とど》けとばかりに叫《さけ》んでくれたのである。

日蓮仏法は、「本因妙《ほんいんみょう》」の信心である。現在の一念《いちねん》に未来の勝利《しょうり》を決《けっ》していくのだ。一番苦しい時に、ただ落胆《らくたん》するのではなく、負《ま》けじ魂《だましい》という強靱《きょうじん》なバネで次に勝《か》つ因《いん》をつくるのである。それから十年後（一九八四年）、私が宿願《しゅくがん》のブラジル訪問《ほうもん》を果《は》たした時、大文化祭の会場に満《み》ち溢《あふ》れた「ピケ！　ピケ！」の掛《か》け声には、十八年の全《すべ》ての祈《いの》りと思いが凝結《ぎょうけつ》していた。

苦難《くなん》に負けず、苦労を重ねた分だけ心が鍛《きた》えられる。苦闘《くとう》の友に同苦《どうく》し、心底《しんそこ》から励《はげ》ませる自身の大境涯《だいきょうがい》が開かれる。信心強き人には、苦悩《くのう》は「心の財《たから》」となる。「逆境《ぎゃっきょう》の冬」が必《かなら》ず「大歓喜《だいかんき》の春」

となるのだ。

「御義口伝《おんぎくでん》」には、「『忍辱《にんにく》』は、寂光土《じゃっこうど》なり」（新1073ジペー・全771ジペー）という甚深《じんじん》の一節《いっせつ》がある。妙法を唱《とな》え抜《ぬ》き、烈風《れっぷう》を耐《た》え忍《しの》んで戦う天地《てんち》こそが、そのまま生命凱歌《せいめいがいか》の光彩《ひかり》に包《つつ》まれた寂光土となる。これが厳然《げんぜん》たる仏法の因果《いんが》の理法《りほう》なのである。

「我々《われわれ》は、勝ったのです！」

北の大地に、雄叫《おたけ》びが天高《てんたか》くこだました。万歳《ばんざい》の声、そして大拍手《だいはくしゅ》。傲慢腐敗《ごうまんふはい》の悪侶《あくりょ》に苦しめられてきた同志の目には、涙《なみだ》があふれていた。

〝雪の秋田指導〟から半年後、私は恩師《おんし》の故郷《こきょう》・北海道の地に四年ぶりに立った。函館《はこだて》研修道場で行《おこな》われた「大沼伝統《でんとう》の集《つど》い」で、皆《みな》と喜《よろこ》びの大勝利宣言《だいしょうりせんげん》を放《はな》ったのだ。
歯《は》を食《く》いしばり、正義《せいぎ》と真実《しんじつ》を貫《つらぬ》いたがゆえに流せる「凱歌《がいか》の涙《なみだ》」がある。

その日の午後、研修道場の近くにある日暮山《ひぐらしやま》で青年たちと語らいのひと時を持った。眼下《がんか》に小沼、大沼を望《のぞ》み、さらに駒ケ岳《こまがたけ》も仰《あお》ぐ景勝地《けいしょうち》である。青年たちは手作りの山駕籠《やまかご》を用意してくれていた。なんと一晩《ひとばん》で作り上げたという。

真心に謝《しゃ》しながら、山駕籠《やまかご》に乗せてもらった。
「『3・16』以来《いらい》だな……」。ふと「広宣流布《こうせんるふ》の記念式典《しきてん》」（一九五八年）の折《おり》、私たち弟子《でし》が準備《じゅんび》した「車駕《しゃが》」に身を委《ゆだ》ねてくださった恩師《おんし》のお姿《すがた》が脳裏《のうり》に浮《う》かんだ。

この車駕《しゃが》は先生のお体の負担《ふたん》を減《へ》らすためであったが、その結《けっ》果《か》、恩師《おんし》が凱旋《がいせん》の大将軍《だいしょうぐん》のごとく青年たちと相《あい》まみえ、広布後継《こうふこうけい》への指揮《しき》を執《と》っていただく機会ともなったのである。

式典《しきてん》が一切終《いっさいお》わった後《あと》、先生は言われた。

「我々《われわれ》は、戦おうじゃないか！」

師《し》と共《とも》に戦い、師のために勝ち、師の広布《こうふ》の構想《こうそう》の実現《じつげん》に全人生《ぜんじんせい》をかける。その時、弟子《でし》の人生もまた、十全《じゅうぜん》の開花《かいか》を遂《と》げ、勝利《しょうり》と満足《まんぞく》の光彩《ひかり》を放《はな》っていくことは間違《まちが》いない。

「勇戦《ゆうせん》」ありて「凱歌《がいか》」ありだ。

真面目《まじめ》に誠実《せいじつ》に信仰《しんこう》に励《はげ》む民衆《みんしゅう》を蔑《さげす》み、苦しめるような悪とは、勇気をもって戦わなければ、「凱歌《がいか》の人生」を歩むことはできない。

ある日の恩師《おんし》の言葉がよみがえる。

「大作、広宣流布《こうせんるふ》は人類の最大の大事業《だいじぎょう》である。自分は踏《ふ》まれても、蹴《け》られても、罵倒《ばとう》されても、この南無妙法蓮華経を唱《とな》え切《き》っていく。南無妙法蓮華経を広め切っていく。そしてまた、南無妙法蓮華経を持《たも》てる人々を守るために、どこまでも戦い抜いていく。これが信心だよ」

我《われ》ら誓願《せいがん》の広宣流布《こうせんるふ》の戦いは続く。ゆえに、これからも、共戦《きょうせん》の同志と三世永遠に誇《ほこ》り高く〝勝《か》ち鬨《どき》〟を上げながら、民衆凱歌《みんしゅうがいか》の大《だい》叙事詩《じょじし》を綴《つづ》り残していきたいと決意している。

本書は、二〇二一、二二年に聖教新聞に掲載《けいさい》した「随筆『人間革命』光あれ」の文章を中心に収録させていただいた。すなわち、コロナ禍《か》という未曽有《みぞう》の試練《しれん》の中で奮闘《ふんとう》する同志に捧《ささ》げたものとなる。

なお、「随筆　新・人間革命」以来《いらい》発表し続けてきた「随筆」は、先頃、通算《つうさん》八百回を超《こ》えた。それらを随時《ずいじ》まとめた単行本も、最初の『随筆　桜の城』から今度の本で二十冊目になるようだ。毎回のこととはいえ、編集・出版の労《ろう》をとってくださった全《すべ》ての関係者の皆様《みなさま》に、心より感謝申し上げ、結《むす》びとさせていただく。

著　者

二〇二三年九月八日

目次

創価の光輝

生命の宝冠

装幀　中山聖雨

一、本書は、聖教新聞に掲載された「随筆『人間革命』光あれ」、「随筆 永遠なれ創価の大城」から十七編を選び、著者の了解を得て、収録したものです。

一、冒頭の年月日は、掲載日を記しました。なお、肩書、名称、時節等については、掲載時のままにしました。

一、御書の引用は、『日蓮大聖人御書全集 新版』（創価学会版）に基づき、ページ数は（新〇〇ページ）と示しました。『日蓮大聖人御書全集』（創価学会版、第二七八刷）のページ数は（全〇〇ページ）と示しました。

一、法華経の引用は、『妙法蓮華経並開結』（創価学会版、第二刷）に基づき（法華経〇〇ページ）と示しました。

一、引用および参照した箇所には、（ ）内に番号を付し、各編の末尾にその書籍名等を示しました。

一、引用文のなかで、読みやすくするために、新字体・現代かなづかい等に改めたものもあります。

一、編集部による注は（ ）内の＝の後に記しました。

一、本文中の写真は、著者が折々に撮影したもの等です。

――編集部

栄光の勇舞

さあ広布《こうふ》へ　心新《あら》たに！

「時」は今！　対話の旋風《せんぷう》で　希望の大道《だいどう》を

二〇二二年五月二十四日

「時」とは、宇宙《うちゅう》の大生命《だいせいめい》が刻《きざ》む、妙《たえ》なるリズムそのものであろう。ゆえに、妙法《みょうほう》を唱《とな》え弘《ひろ》めゆく人生は、「時」に適《かな》い、「時」を味方《みかた》にして、必《かなら》ずや幸福そして勝利《しょうり》の春夏秋冬《しゅんかしゅうとう》を飾《かざ》れるのだ。

御本仏《ごほんぶつ》・日蓮大聖人は、決然《けつぜん》と宣言《せんげん》された。

「今、日蓮が時に感じて、この法門広宣流布《ほうもんこうせんるふ》するなり」（新1388ジペー・全1023ジペー）

この師子吼《ししく》に呼応《こおう》して、戸田城聖《じょうせい》先生の指揮《しき》のもと「今こそ大法弘通《ぐつう》の時」と定《さだ》め、大行進《だいこうしん》を開始したのは七十年前、まさしく立宗《りっしゅう》七百年にあたる一九五二年（昭和二十七年）であった。

師恩《しおん》に報《むく》いる誓願《せいがん》で、不二《ふに》の弟子《でし》が「慈折広布《じしゃくこうふ》」へ突破口《とっぱこう》を開いた東京・蒲田《かまた》支部の「二月闘争《とうそう》」は、この年であり、わが関西もまた、時を同じくして出陣《しゅつじん》した。

立宗《りっしゅう》の月・四月には、創価学会版の御書全集が発刊《はっかん》された。「御書根本」という永遠の軌道《きどう》の確立《かくりつ》である。

＊

恩師《おんし》の甚深《じんじん》のご配慮《はいりょ》で、その翌五月の三日に、私と妻は簡素《かんそ》な結婚式を行《おこな》い、出発をさせていただいた。

先生は一言、「これからの長い人生を、広宣流布《こうせんるふ》のために、二人《ふたり》で力《ちから》を合わせて戦い切ってもらいたい」と語られ、祝宴《しゅくえん》の歌に〝大楠公《だいなんこう》〟を所望《しょもう》された。

「青葉茂《あおばしげ》れる桜井《さくらい》の」(1)と謳《うた》われた、父・楠木正成《くすのきまさしげ》と子・正行《まさつら》の誓《ちか》いの劇《げき》は、旧暦《きゅうれき》の五月のこととされる。

「父は兵庫に赴《おもむ》かん」との覚悟《かくご》の旅《たび》に、子は「御供仕《おんともつか》えん」と訴《うった》えた。しかし厳父《げんぷ》は〝早く生《お》い立て〟〝民守《たみも》れ〟と後事《こうじ》を託《たく》して、故郷《ふるさと》の母のもとへ帰すのである。

思えば、戸田先生ご自身が、十九歳で牧口常三郎《つねさぶろう》先生に師事《しじ》して以来《いらい》、この歌に脈打《みゃくう》つ〝正行《まさつら》の心〟で仕《つか》え抜《ぬ》いてこられた。そして、法難《ほうなん》の獄中《ごくちゅう》に殉教《じゅんきょう》された師父《しふ》の仇《あだ》を討《う》つ正義《せいぎ》と人道《じんどう》の巌窟王《がんくつおう》となり、戦後《せんご》の荒野《こうや》で、妙法流布《みょうほうるふ》の大願《だいがん》へ一人《ひとり》立たれたのだ。

戸田先生の事業が最悪《さいあく》の苦境《くきょう》にあった折《おり》、先生は正成《まさしげ》のごとく、私は正《まさ》行《つら》のごとく、師子奮迅《ししふんじん》の力《ちから》で一切《いっさい》を超克《ちょうこく》し、第二代会長就任《しゅうにん》の五月三日を飾《かざ》った。

その私の志《こころざし》を全《すべ》て知悉《ちしつ》された先生は、新たな門出《かどで》に一年後の五月三日を選んでくださり、〝大楠公《だいなんこう》〟の合唱《がっしょう》を求《もと》められたのである。

尽《つ》きせぬ報恩感謝《ほうおんかんしゃ》の一念《いちねん》で、広宣流布《こうせんるふ》の大誓願《だいせいがん》へ「父子同道《ふしどうどう》」の旅《たび》を貫《つらぬ》き、同志を広げ、後継《こうけい》を育てて、七十星霜《せいそう》となる。

＊

立宗《りっしゅう》七百年から十年後の一九六二年（昭和三十七年）を、わが学会は「勝利《しょうり》の年」と銘打《めいう》った。

この年の一月、私は事実無根《じじつむこん》の選挙違反容疑《せんきょいはんようぎ》で逮捕《たいほ》された大阪事件の裁判《さいばん》で、無罪判決《むざいはんけつ》を勝ち取った。民衆勢力《みんしゅうせいりょく》として台頭《たいとう》する学会を陥《おとしい》れんとする権力の謀略《ぼうりゃく》と戦い、公判《こうはん》八十四回に及《およ》ぶ法廷闘争《ほうていとうそう》を通《とお》し、正義《せいぎ》を満天下《まんてんか》に示《しめ》したのである。

迎《むか》えた五月三日、私は色紙《しきし》に認《したた》めた。

東京

「大阪事件　初公判《はつこうはん》　昭和三十二年十月十八日なり
最終陳述《ちんじゅつ》　昭和三十六年十二月十六日なり
判決《はんけつ》　無罪《むざい》　昭和三十七年一月二十五日なり」

そして、最後に記《しる》した。

「多くの尊《とうと》き友が尽力下《じんりょくくだ》されし真心に　心より感謝《かんしゃ》の意《い》を表《ひょう》しつつ……

その名《な》、永久に忘《わす》れず」と。

関西の母たちをはじめ、多くの同志が私の勝利《しょうり》を信じ、ひたぶるに題目を送り続《つづ》けてくれた。同心《どうしん》の一人《ひとり》ひとりの姿《すがた》が、私と妻の命《いのち》から離《はな》れることはない。

判決《はんけつ》の前夜《ぜんや》に兵庫・尼崎《あまがさき》の天地《てんち》で、青年と語った。

――牧口先生、戸田先生の遺志《いし》を継《つ》ぐ私には、自分の命《いのち》を惜《お》しむ心などない。

不幸な人の味方《みかた》となり、どこまでも民衆《みんしゅう》の幸福を第一に、さらに堂々《どうどう》と前進を開始しようではないか、と。

以来《いらい》、大関西をはじめ、各地の地涌《じゆ》の勇者《ゆうしゃ》が、まぎれもなく〝正行《まさつら》の心〟を受け継いで、師弟《してい》の共戦譜《きょうせんふ》を勝ち綴《つづ》ってくれていることが、何《なに》よりの誉《ほま》れである。

*

一九六二年は、東西の分断《ぶんだん》が日に日に深《ふか》まる時代であった。前年に「ベルリンの壁《かべ》」が築《きず》かれ、十月には「キューバ危機《きき》」が起《お》こっている。世界は核兵器《かくへいき》の脅威《きょうい》に怯《おび》え、日本では、不安の中、核戦争《せんそう》、第三次世界大戦《たいせん》が起きるかどうかを予想《よそう》・論評《ろんぴょう》するマスコミも少なくなかった。

しかし、そうした議論《ぎろん》は、私が選《えら》ぶところではない。核兵器《かくへいき》の本質《ほんしつ》を〝絶対悪《ぜったいあく》〟と喝破《かっぱ》された恩師《おんし》のお心を継《つ》いだ弟子《でし》の決意は、微動《びどう》だにしなかった。

〝第三次世界大戦《たいせん》は断《だん》じて起《お》こさせない〟――当時、我《われ》らはこの決心《けっしん》で強盛《ごうじょう》に祈《いの》り、世界平和の道を開こうと誓《ちか》い合《あ》ったのである。

*

この年早々《そうそう》、私は厳寒《げんかん》の北海道へ向かった。中東を歴訪《れきほう》した後《あと》、日本列島を、中国、四国へ、さらに東北、関東、九州、東海道、中部、関西、信《しん》越《えつ》、そして沖縄へと東奔西走《とうほんせいそう》した。訪問《ほうもん》できなかった恩師《おんし》の生誕《せいたん》の天地《てんち》・北陸の宝友《ほうゆう》とも、常《つね》に連携《れんけい》を取り合っていた。同志の全世帯に一声《ひとこえ》ずつの題目でも送りたいと願い、日々、勇猛《ゆうもう》の唱題行《しょうだいぎょう》を重ねながらの旅路《たびじ》である。

私は声を限《かぎ》りに訴《うった》えた。

東京では「広宣流布《こうせんるふ》という大目的に立って、仏道修行《ぶつどうしゅぎょう》に励《はげ》んでいこう」。

埼玉では「〝広宣流布《こうせんるふ》は絶対《ぜったい》にできる〟との大確信《だいかくしん》を持って前進を」。

福岡では「強《つよ》い団結で、世界中の人が〝さすがだ〟と驚《おどろ》く先駆《せんく》の実証《じっしょう》を」。

神奈川では「私たちが〝日本の柱《はしら》〟となって、本当に住みよい、幸せな国をつくろう」。

愛知では「誰《だれ》が何《なん》と言おうが絶対《ぜったい》に勝ち抜《ぬ》いて、平和と安泰《あんたい》のために進もう」。

兵庫や大阪の闘士《とうし》が結集《けっしゅう》した関西での集《つど》いでは「皆《みな》が安心して暮《く》らせる社会をつくるために戦おう」。

また、この動きに合わせ、可能《かのう》な限《かぎ》り、各地で御書講義《こうぎ》を行《おこな》い、質問会《しつもんかい》も設《もう》けて、求道《きゅうどう》の友と研鑽《けんさん》し合った。

ある時は「心の師《し》とはなるとも、心を師とせざれ」（新1481ページ・全1088ページ）との御文《ごもん》を拝《はい》し、どこまでも「御本尊根本」「御書根本」に進もうと確認《かくにん》した。

さらに、ある時は「かかるとうと《尊》き法華経と釈尊《しゃくそん》にておわせども、凡夫《ぼんぷ》はし《知》ることなし」（新1723ページ・全1446ページ）を拝読《はいどく》し、いまだに偉大《いだい》な仏法を知らずにいる多くの人びとに、他《ほか》の誰《だれ》でもない、この私たちこそが語り切るのだと自覚《じかく》を深《ふか》め合った。

地区担当員（現・地区女性部長）の方《かた》から、「南無妙法蓮華経は歓喜《かんき》の中の大歓喜なり」（新1097ページ・全788ページ）との一節《いっせつ》を、生活に当《あ》てはめると、どう拝《はい》すればいいかと、真剣《しんけん》な質問《しつもん》を受けたこともある。

私は申し上げた。

〝どんな悩《なや》みがあっても、「苦楽《くらく》ともに思い合わせて」（新1554ページ・全1143ページ）題目《だいもく》を唱《とな》えていけば、歓喜《かんき》の生命《せいめい》が必《かなら》ず涌現《ゆげん》します。自分が歓喜《かんき》して、その喜《よろこ》びに溢《あふ》れた姿《すがた》を見た人までが、同じ喜びに燃《も》え立っていく。自分だけでなく、友をも同じ歓喜の境涯《きょうがい》と生活にあらしめる。これこそ、「歓喜の中の大歓喜」ではないでしょうか〟と。

私と同じ心で、全国各地の友が、いずこでも生き生きと躍動《やくどう》し立ち上がってくれた。学会は、この年、恩師《おんし》から遺言《ゆいごん》として託《たく》された「三百万世帯」という目標《もくひょう》を達成《たっせい》し、新《あたら》しき創価勝利《しょうり》の歴史《れきし》を開いたのだ。

＊

それから、さらに十年。「地域《ちいき》の年」と掲《かか》げた一九七二年（昭和四十七年）の一月、私は愛《あい》する沖縄へ飛んだ。復帰《ふっき》の年に、真実《しんじつ》の「幸福島《じま》」の建設《けんせつ》へ、皆《みな》で決意を新《あら》たにしたのである。

「依正不二《えしょうふに》」の原理《げんり》の上から、「仏法を持《たも》った学会員が元気で勢《いきお》いがあれば、必《かなら》ず社会は栄《さか》え、絶対《ぜったい》に平和になる」とも語り合った。

この半世紀、尊貴《そんき》なる宝友《ほうゆう》たちは「柔和忍辱《にゅうわにんにく》の心」を体《たい》し、あらゆる試《し》練《れん》を越《こ》え、「命《いのち》をかけて　ひと筋《すじ》に」、仏法中道《ちゅうどう》の智慧《ちえ》の光《ひかり》で広布《こうふ》の理想郷《りそうきょう》を開いてきた。

「御志《おんこころざし》、大地よりもあつく《厚》、虚空《こくう》よりもひろし《広》」（新1882ページ・全1551ページ）

「日蓮が道をたすけんと、上行《じょうぎょう》菩薩《ぼさつ》、貴辺《きへん》の御身《おんみ》に入《い》りかわ替らせ給《たま》えるか。また教主釈尊《きょうしゅしゃくそん》の御計《おんはか》らいか」（新1583㌻・全1163㌻）等の仰《おお》せは、そのまま、わが沖縄家族への御照覧《ごしょうらん》・御賞讃《ごしょうさん》なりと、私には拝《はい》されてならない。

＊

「シンク・グローバリー、アクト・ローカリー（地球規模《きぼ》で考《かんが》え、地域《ちいき》で行動する）」

これは、著名《ちょめい》な医学・細菌《さいきん》学者のルネ・デュボス博士が提唱した標語《ひょうご》である。

この精神《せいしん》が、今ほど求《もと》められている時はあるまい。

たとえ、道がいかに遠く険《けわ》しくとも、一人《ひとり》ひとりが今いる場所で信念《しんねん》の行動を起《お》こすことが、地球全体を変《か》えゆく希望となるのだ。

デュボス博士は、トインビー博士にご紹介《しょうかい》いただき、お会いした一人《ひとり》である。

「世界に対話の旋風《せんぷう》を！　永遠の平和の道をつくるために」とは、いうなれば、五月に対談《たいだん》を重ねたトインビー博士と私の〝青葉《あおば》の誓《ちか》い〟であった。

一つ一つの縁《えにし》を大切に、一人《ひとり》ひとりと信頼《しんらい》を育《はぐ》むことが、「時」を創《つく》ることだ。

わが同志は今、不軽菩薩《ふきょうぼさつ》のごとく、あの地この地で、勇《いさ》んで友のもとへ足を運《はこ》び、友情を広げている。大誠実《だいせいじつ》の対話で結《むす》ばれた絆《きずな》こそ、新しい「変革《へんかく》」をもたらす力《ちから》になると確信《かくしん》する。

デュボス博士は、〝危機《きき》〟の意義《いぎ》をこう語られた。

「危機《きき》こそ、ほとんど例外《れいがい》なしに豊《ゆた》かさへの源泉《げんせん》である。危機は新しい打開《だかい》の道を追求《ついきゅう》させるからである」(2)

大変な時に勇敢《ゆうかん》に立ち上がるから、宿命転換《しゅくめいてんかん》できる。変毒為薬《へんどくいやく》できる。これが、創価の師弟《してい》に漲《みなぎ》る「師子王《ししおう》の心」である。

御本仏《ごほんぶつ》の御聖誕満《ごせいたんまん》八百年。そして、立宗《りっしゅう》七百七十年の今この時、我《われ》らは胸を張《は》り、「立正安国《りっしょうあんこく》」という大いなる希望に向かって進もう！　威風《いふう》堂々《どうどう》と対話の旋風《せんぷう》を巻《ま》き起《お》こし、民衆《みんしゅう》の幸《さち》と凱歌《がいか》の旗《はた》を、未来へ、はためかせようではないか！

（1）「青葉茂れる桜井の」（大楠公）の歌詞は落合直文作
（2）ルネ・デュボス著『人間への選択』長野敬・中村美子共訳、紀伊國屋書店

談論風発《だんろんふうはつ》 対話は楽《たの》し

「励《はげ》ましの言葉」を一人《ひとり》また一人へと

二〇二二年十月二十六日

我《われ》らの広宣流布《こうせんるふ》は、「平和の文化」の創造《そうぞう》である。その一環《いっかん》として、各国《こく》・各地で多彩《たさい》な展示《てんじ》を行《おこな》っている。

「世界の書籍展《しょせきてん》」も初開催《はつかいさい》より満《まん》二十年。読書週間《どくしょしゅうかん》に呼応《こおう》して、まもなく、恩師《おんし》・戸田先生と縁《えにし》の深《ふか》き東京・中野区で開かれる。

先生のもとで、世界の名著《めいちょ》・名作《めいさく》を師弟《してい》して学び合った日々が蘇《よみがえ》る。

『三国志《さんごくし》』を教材《きょうざい》にして、「青年ならば、諸葛孔明《しょかつこうめい》のごとく頭《あたま》を使え！智慧《ちえ》を出せ！民衆《みんしゅう》のために勝ちまくれ」と、厳《きび》しくも温かく励《はげ》ましてくだった声が忘《わす》れられない。

その諸葛孔明《しょかつこうめい》は、〝真《しん》の人士《じんし》が互《たが》いに深い知己《ちき》となる交友《こうゆう》とは、四季《しき》を通《とお》して変《か》わらず、衰《おとろ》えないようなものであり、順境《じゅんきょう》と逆境《ぎゃっきょう》を経《へ》るほどに、ますます強固《きょうこ》になる〟(1)という意味《いみ》の言葉を残している。

孔明《こうめい》が劉備《りゅうび》と結《むす》んだ生涯《しょうがい》にわたる〝水魚《すいぎょ》の交《まじ》わり〟が、まさにそうであった。

戸田先生は、よく「折伏《しゃくぶく》すれば信用《しんよう》が残る」と語られていた。友の幸福《こうふく》を本気《ほんき》で祈《いの》り願っての対話《たいわ》は、一時《いちじ》の感情《かんじょう》を超《こ》えて、真《しん》の友情《ゆうじょう》を育《はぐく》んでいくのだとの、固《かた》い確信《かくしん》であった。

＊

「日蓮が慈悲曠大《じひこうだい》ならば、南無妙法蓮華経は万年の外《ほか》未来までもながる《流》べし」（新261ページ・全329ページ）

広宣流布大誓堂《こうせんるふだいせいどう》に設置《せっち》された「誓願《せいがん》の碑《ひ》」に記《しる》した「報恩抄《ほうおんしょう》」の一節《いっせつ》である。

末法万年尽未来際《まっぽうまんねんじんみらいさい》へ放《はな》たれた、この御本仏《ごほんぶつ》の誓願《せいがん》に連《つら》なり、慈折広布《じしゃくこうふ》の旗《はた》、大法弘通《だいほうぐつう》の旗を掲《かか》げ、地涌《じゆ》の使命《しめい》に立ち上がったのが、我《われ》ら創価学会である。

七十五年前（一九四七年）の十月、戸田先生は当時《とうじ》の機関紙《きかんし》「価値創造《かちそうぞう》」に「折伏《しゃくぶく》」について執筆《しっぴつ》された。

いまだ戦後《せんご》の混乱《こんらん》と荒廃《こうはい》の只中《ただなか》であった。

恩師《おんし》は「立正安国論《りっしょうあんこくろん》」で指摘《してき》された「三災《さんさい》」、つまり「穀貴《こっき》」（飢饉《ききん》等による穀物《こくもつ》・物価《ぶっか》の高騰《こうとう》）、「兵革《ひょうかく》」（戦乱《せんらん》）、そして「疫病《えきびょう》」（感染症《かんせんしょう》の流行《りゅうこう》）に苦《くる》しむ庶民《しょみん》を深《ふか》く思いやりつつ、青年に呼《よ》び掛《か》けられた。

――妙法受持《みょうほうじゅじ》の功徳《くどく》は、万人一様《ばんにんいちよう》に生命力《せいめいりょく》を旺盛《おうせい》にする。ゆえに、折《しゃく》伏行《ぶくぎょう》によって受持の人びとを充満《じゅうまん》させていくのだ。そこに、経済《けいざい》、文化、芸術等に最高度の能力《のうりょく》を発揮《はっき》し、国土を再建《さいけん》させる道が開かれる、と――。

この年に入信《にゅうしん》した十九歳の私も命《いのち》に刻《きざ》んだ。師弟不二《していふに》の若人《わこうど》たちの折伏《しゃくぶく》また折伏の挑戦《ちょうせん》は、地涌《じゆ》の菩薩《ぼさつ》を澎湃《ほうはい》と涌出《ゆじゅつ》させ、その社会への展開《てんかい》が「驚異的《きょういてき》な戦後《せんご》の復興《ふっこう》」に絶大《ぜつだい》なる貢献《こうけん》を果《は》たしたのである。

この創価学会の足跡《そくせき》を、「経済分野《けいざいぶんや》における日本国民の物質的成功《ぶっしつてきせいこう》に匹《ひっ》敵《てき》する精神的偉業《せいしんてきいぎょう》」と賞讃《しょうさん》してくださったのが、他《ほか》でもない二十世紀《せいき》を代《だい》表《ひょう》する歴史家《れきしか》トインビー博士である。

*

折伏《しゃくぶく》は「難事中《なんじちゅう》の難事」である。私も若《わか》き日に、思うように語れなかったり、真剣《しんけん》に語っても相手が聞く耳を持たなかったりしたことが、何度あったことか。試行錯誤《しこうさくご》の連続《れんぞく》であった。

東京

送った手紙が、そのまま送り返されたことも、約束《やくそく》の場所に友人が現《あらわ》れず、待ち続《つづ》けたこともあった。

だが私の心には、広布《こうふ》の拡大《かくだい》で、戸田先生に喜《よろこ》んでもらうのだとの闘魂《とうこん》が赤々《あかあか》と燃《も》えていた。師《し》への報恩《ほうおん》と感謝《かんしゃ》こそが前進《ぜんしん》の原動力《げんどうりょく》となったのである。

――若《わか》いのだ。相手《あいて》が聞かなくても、卑屈《ひくつ》になるな。胸《むね》を張《は》り、自信《じしん》満々《まんまん》と語れ。

「青年よ、何《なん》といわれても進め。折伏《しゃくぶく》だ。大聖人の弟子《でし》らしく。戸田先生の門下《もんか》らしく」と日記《にっき》に記《しる》した。

そうした苦闘《くとう》の中で実《みの》らせた一つ一つの弘教《ぐきょう》は、まさしく「今生人界《こんじょうにんかい》の思い出」（新519ジペー・全467ジペー）と輝《かがや》いている。

折伏《しゃくぶく》は、すぐに実《みの》る時もあれば、なかなか実らない時もある。しかし、仏法を語り、種《たね》を蒔《ま》くこと自体《じたい》が尊《とうと》い下種《げしゅ》の実践《じっせん》である。

勤行《ごんぎょう》で読誦《どくじゅ》する自我偈《じがげ》には「毎自作是念《まいじさぜねん》　以何令衆生《いがりょうしゅじょう》　得入無上道《とくにゅうむじょうどう》　速成就仏身《そくじょうじゅぶっしん》」（毎《つね》に自《みずか》ら是《こ》の念を作《な》す　何《なに》を以《もっ》てか衆生をして　無上道に入《い》り　速《すみや》かに仏身《ぶっしん》を成就《じょうじゅ》することを得《え》しめんと）とある（法華経493ジペー）。

仏が常《つね》に、全《すべ》ての衆生《しゅじょう》を「仏の境涯《きょうがい》」に導《みちび》くことを念《ねん》じ、法を語り続《つづ》けていることを説《と》いた経文《きょうもん》である。

「御義口伝《おんぎくでん》」には、このうち「速成就仏身《そくじょうじゅぶっしん》」の経文《きょうもん》は不軽品《ふきょうほん》の「皆当作仏《かいとうさぶつ》」（皆当《みなまさ》に作仏すべし）と同じ意義《いぎ》であると示《しめ》されている（新1069ジペー・全767ジペー）。

私たちは朝に夕に、御本仏《ごほんぶつ》のお心に直結《ちょっけつ》して万人の成仏《じょうぶつ》を祈《いの》り、折伏《しゃくぶく》への不退《ふたい》の決意で、「地涌《じゆ》の菩薩《ぼさつ》」としての使命《しめい》を生命《せいめい》に染《そ》め抜《ぬ》いてきた。だからこそ、世界中に人華《にんげ》のスクラム、宝塔《ほうとう》の連帯《れんたい》が広がったのだ。

＊

日蓮大聖人は「声を聞いて心を知る。色法《しきほう》が心法《しんぽう》を顕《あらわ》すなり」（新663ジペー・全469ジペー）と、声を聞かせることにより、真心《まごころ》が伝《つた》わると仰《おお》せである。

日夜、自他共《じたとも》の幸福のため、尊《とうと》き汗《あせ》を流しゆく創価家族から発《はっ》せられる言葉こそ、仏の慈悲《じひ》の声なのだ。

先師《せんし》・牧口先生は教えてくださった。

「折伏《しゃくぶく》は慈悲《じひ》である。『彼《かれ》がために悪を除《のぞ》くは、即《すなわ》ち是《こ》れ彼が親《おや》なり』との金言《きんげん》のように、抜苦与楽《ばっくよらく》の真心《まごころ》で折伏するのである」と。

戸田先生も断言《だんげん》された。

「〝ああ、この人は気《き》の毒《どく》だ〟と思う心から、じゅんじゅんと御本尊様のありがたいことを教えてやればいいのです。理屈《りくつ》などはいりません」

我《われ》らには「祈《いの》りとしてかなわざるなし」の御本尊がある。悲哀《ひあい》の人生を希望に変え、宿命《しゅくめい》を使命《しめい》に変え、絶望《ぜつぼう》を前進の勇気に変える妙法《みょうほう》がある。

「友の喜《よろこ》び友の歎《なげ》き一つなり」（新1267ジペー・全934ジペー）という同志の励《はげ》

まし合いがある。

信仰《しんこう》の歓喜《かんき》を胸《むね》に、友に幸せになってもらいたいという情熱《じょうねつ》と、絶対《ぜったい》に幸せになれるとの確信《かくしん》を、朗《ほが》らかに誠実《せいじつ》に伝《つた》えていけばいいのだ。ありのままに、自分らしく伝えていくことだ。

*

「真実《しんじつ》は人間を一つに結《むす》び、結合《けつごう》させる力《ちから》を持《も》っている」(2)――これは〝欧州統合《おうしゅうとうごう》の父〟として、国境《こっきょう》を超《こ》えた連帯《れんたい》の創出《そうしゅつ》へ尽力《じんりょく》したクーデンホーフ＝カレルギー伯爵《はくしゃく》の信念《しんねん》である。

母君《ははぎみ》の祖国《そこく》に来日《らいにち》された伯爵《はくしゃく》と初めてお会いしたのは、五十五年前（一九六七年）の十月であった。

伯爵《はくしゃく》は語っておられた。

「創価学会による日本における仏教の復興《ふっこう》は、世界的な物質主義に対する、日本からの回答《かいとう》であると思います。宗教史上《しゅうきょうしじょう》、新たな時代を開くものとなるでしょう」と。鋭《するど》き慧眼《けいがん》は、創価の人間革命に、「世界宗教」の未来を見出《みいだ》していた。

伯爵《はくしゃく》と私は、三年後（一九七〇年）の十月にも、四度《よたび》、計《けい》十数時間の対話を重ねた。その内容は『文明・西と東』として出版《しゅっぱん》され、今、八十点に及《およ》ぶ世界の知性《ちせい》との対談集の第一号となった。

「戸田大学」の卒業生として、私は国家指導者とも、市井《しせい》の一市民とも、少年少女とも、どんな立場《たちば》や信条《しんじょう》の人とも、同じ人間として語り合い、心を結《むす》んできた。人びととの胸襟《きょうきん》を開いた対話によって、「人間主義の宗教《しゅうきょう》」「人間のための宗教」の本質《ほんしつ》を、明快《めいかい》に示《しめ》してきたのである。

世界のあちこちに分断《ぶんだん》や対立《たいりつ》の悲鳴《ひめい》が聞こえる現代にあって、「生命《せいめい》」という普遍《ふへん》の大地に根《ね》ざし、人びとを結《むす》ぶ言論《げんろん》の光《ひかり》が、今ほど待望《たいぼう》される時はない。

＊

大聖人は、「大悪《だいあく》は大善《だいぜん》の来《きた》るべき瑞相《ずいそう》なり。一閻浮提《いちえんぶだい》うち《打》みだ《乱》すならば、『閻浮提内《ない》、広令流布《こうりょうるふ》（閻浮提の内《うち》に、広く流布せしむ）』は、よも疑《うたが》い候《そうら》わじ」（新1969ページ・全1467ページ）と宣言《せんげん》なされた。

混迷《こんめい》の世界情勢《じょうせい》や長引くコロナ禍《か》など、乱世《らんせい》の様相《ようそう》を深《ふか》める社会にあっても、いな、だからこそ、我《われ》らは抜苦与楽《ばっくよらく》の「勇気」即《そく》「慈悲《じひ》」で、他者《たしゃ》をも幸福の直道《じきどう》に導《みちび》かんとする仏法対話を、わが使命《しめい》の天地《てんち》で、地道《じみち》に着実《ちゃくじつ》に広げていきたい。

ことに、愛する従藍而青《じゅうらんにしょう》の青年たちが、各地で開かれる「SOKAユースフェスタ」を一つの決勝点《けっしょうてん》とし、教学部任用試験《にんようしけん》（仏法入門）の研鑽《けんさん》とともに、広布拡大《こうふかくだい》に勇《いさ》んで挑《いど》んでくれている。頼《たの》もしい限《かぎ》りだ。

不二《ふに》の若師子《わかじし》・男子部！　広布の花と輝《かがや》く〝華陽姉妹《かようしまい》〟！　希望の太

陽・ヤング白ゆり世代《せだい》！　そして、先駆《せんく》の知性《ちせい》・学生部！

創価の未来は、若き人材が育ちゆくところから洋々《ようよう》と開かれる。この若き熱《ねつ》と力《ちから》から、社会の安穏《あんのん》も、世界の平和も限《かぎ》りなく広がっていくに違いない。

アメリカ・ルネサンスの思想家《しそうか》エマソンは、「諸君《しょくん》は善良《ぜんりょう》なもの高尚《こうしょう》なもののすべてを伝《つた》え、運《はこ》ぶ人となるべきである」(3)と言った。

それには人格《じんかく》、人間性が大事である。そして、いかなる「言葉の力《ちから》」「対話力《りょく》」を持つかが勝負となる。

広宣流布《こうせんるふ》の戦いは、言論戦《げんろんせん》である。言葉で戦うのだ。邪悪《じゃあく》を打《う》ち破《やぶ》る正《せい》義《ぎ》の言葉、苦難《くなん》に打ち勝つ力《ちから》を贈《おく》る智慧《ちえ》と励《はげ》ましの言葉で――。

恩師《おんし》は言われた。

「創価学会は、地球上で最《もっと》も尊厳《そんげん》な生命《せいめい》を守り、どれだけの人に妙法《みょうほう》を受持《じゅじ》せしめ、幸せにしたかということを数《かぞ》えるのである」

この生命尊厳《せいめいそんげん》の哲理《てつり》を、一人《ひとり》また一人へと広げ、全世界を強《つよ》く、明《あか》るく照《て》らしゆく幸福《こうふく》と平和の大行進《だいこうしん》を、一緒《いっしょ》に開始しよう！

談論風発《だんろんふうはつ》、快活《かいかつ》な対話はなんと楽《たの》しいことか！

共々《ともども》に誉《ほま》れの使命《しめい》を果《は》たし抜《ぬ》く、「語らいの黄金《おうごん》の共戦譜《きょうせんふ》」を、にぎやかに綴《つづ》りゆこうではないか！

（1）中林史朗著『諸葛孔明語録』明徳出版社、参照
（2）クーデンホーフ・カレルギー著『倫理と超倫理』鹿島守之助訳、鹿島研究所出版会
（3）エマソン著『エマソン選集4　個人と社会』原島善衛訳、日本教文社

平和を創《つく》る信念《しんねん》の対話

誠実《せいじつ》に朗《ほが》らかに希望の哲学《てつがく》を語れ

二〇二一年八月二十四日

西日本を中心に、各地で続発《ぞくはつ》した大雨災害《おおあめさいがい》に、心よりお見舞《みま》い申し上げます。

「立正安国論《りっしょうあんこくろん》」に示《しめ》されているように、「暴雨《ぼうう》」は古来《こらい》、「疫病《えきびょう》」などと並《なら》んで、民衆《みんしゅう》にとって大きな「難《なん》」であります。

コロナ禍《か》、自然災害《しぜんさいがい》……今も打ち続《つづ》くこの苦難《くなん》に負けず、民衆一人《みんしゅうひとり》ひとりが、どう変毒為薬《へんどくいやく》していくか。それを地域《ちいき》、社会、世界という次元《じげん》から考え、祈《いの》り、力《ちから》を合わせて行動していく。ここに私たちの「立正安国《りっしょうあんこく》の誓《ちか》い」があります。

復旧支援《ふっきゅうしえん》に尽力《じんりょく》されている方々《かたがた》に、またコロナ禍《か》の中、医療従事者《いりょうじゅうじしゃ》はじめ命《いのち》を守るためにに奮闘《ふんとう》されている皆様《みなさま》に、深《ふか》く感謝《かんしゃ》します。そして尊《とうと》き宝友《ほうゆう》の健康長寿と無事安穏《あんのん》を、ひたぶるに祈《いの》っております。

＊

八月は、世界の不戦《ふせん》への誓《ちか》いを強《つよ》め、人類の平和へスクラムを広げゆく月――と言えよう。

恩師《おんし》・戸田先生に、十九歳の私が初めてお会いできたのは、一九四七年（昭和二十二年）の八月十四日、三回目の終戦《しゅうせん》の日の前夜であった。敬愛《けいあい》する長兄《ちょうけい》の戦死《せんし》の公報《こうほう》が届き、母が慟哭《どうこく》する姿《すがた》を見てから約三カ月後のことである。

信念《しんねん》の獄中闘争《ごくちゅうとうそう》を勝ち越《こ》えられた平和の民衆指導者《みんしゅうしどうしゃ》から、「正しい人生」の道を示《しめ》していただき、猛暑《もうしょ》の二十四日に入信《にゅうしん》した。「広宣流布《こうせんるふ》」即《そく》「世界平和」の大願《だいがん》を掲《かか》げて、師弟共戦《していきょうせん》の旅《たび》に出発したのである。

入信《にゅうしん》三年となる一九五〇年（昭和二十五年）の八月二十四日には、先生の事業《じぎょう》の最大の苦境《くきょう》の渦中《かちゅう》、師弟《してい》して生命尊厳《せいめいそんげん》の機関紙・聖教新聞の発刊《はっかん》を構想《こうそう》した。

その二年後（一九五二年）の八月十四日夕刻《ゆうこく》、私は特急「つばめ」で淀《よど》川《がわ》の鉄橋《てっきょう》を渡《わた》り、広布《こうふ》の新天地《しんてんち》を開く決意で大阪へ降《お》り立《た》った。この夜、堺《さかい》市内で行《おこな》われた座談会に出席し、強《つよ》く明《あか》るい庶民《しょみん》の集《つど》いから〝常勝《じょうしょう》関西〟の建設《けんせつ》へ、生き生きと勇戦《ゆうせん》を開始したのである。

さらに三年後（一九五五年）の八月には、師《し》の故郷《ふるさと》・北海道の大地で、〝夏の陣《じん》〟さながら広布拡大《こうふかくだい》に先駆《せんく》した。日々、御書を拝《はい》し、「仏法を源泉《げんせん》に偉大《いだい》な社会を開こう！」と励《はげ》まし合い、日本一の弘教《ぐきょう》で戸田先生をお迎《むか》えしたのは、入信《にゅうしん》満八年の八月二十四日であった。

一年また一年と、原点《げんてん》の八月に師弟《してい》の勝利《しょうり》を刻《きざ》みながら、不退《ふたい》の同志と共《とも》に、わが壮年部の戦友《せんゆう》と共に、平和と人道《じんどう》への「この道」を歩《あゆ》み通《とお》してきたのだ。

「立正安国論《りっしょうあんこくろん》」の結《むす》びに記《しる》された誓願《せいがん》には、「速《すみ》やかに対治《たいじ》を廻《めぐ》らして早く泰平《たいへい》を致《いた》し、まず生前《せいぜん》を安んじてさらに没後《ぼつご》を扶《たす》けん」（新45ジペー・全33ジペー）とある。

何《なに》があろうが、我《われ》らは強盛《ごうじょう》に妙法《みょうほう》を唱《とな》え、正義《せいぎ》の旗《はた》を高く掲《かか》げて進む。苦悩《くのう》する一人《ひとり》に関《かか》わり、民衆《みんしゅう》の幸せと天下《てんか》の泰平《たいへい》のために戦う。忍耐強《にんたいづよ》く、粘《ねば》り強く、誠実《せいじつ》な対話で、現実社会の安穏《あんのん》への道を開き、自他共《じたとも》に「一生成仏《いっしょうじょうぶつ》」という永遠の幸福を築《きず》いていくのだ。

*

戸田先生と私の最初の出会いの翌日《よくじつ》は、奇《く》しくも仏教発祥《はっしょう》の天地《てんち》・インド共和国《きょうわこく》の独立《どくりつ》の日であった。

今年、生誕《せいたん》百六十年を迎《むか》えたインドの詩聖《しせい》タゴールの叫《さけ》びが、あらためて胸に迫《せま》る。

「人間の歴史は、侮辱《ぶじょく》された人間が勝利《しょうり》する日を、辛抱《しんぼう》づよく待っている」(1)

これはタゴールが日本で詠《よ》んだ一詩である。

彼《かれ》は一九一六年(大正五年)、神戸に初来日《はつらいにち》の第一歩を印《しる》すと、大阪、東京へ。横浜には長期滞在《たいざい》し、この夏、今の東京都北区にある飛鳥山《あすかやま》の渋沢《しぶさわ》栄一翁《えいいちおう》の私邸《してい》や、茨城の五浦《いづら》にも足を運んだ。長野の軽井沢《かるいざわ》で、女子学生らと緑陰懇談《りょくいんこんだん》も重ねている。

先月、インドから嬉《うれ》しい報告《ほうこく》が届《とど》いた。女子部結成《けっせい》記念日の七月十九日、インドの〝華陽姉妹《かようしまい》〟が五万人に達《たっ》したというのだ。

コロナ禍《か》にあっても、「如蓮華在水《にょれんげざいすい》」の清《きよ》らかで強靱《きょうじん》な生命《せいめい》で、美事《みごと》な

東京

幸《さち》の花園《はなぞの》を広げてくれている。

「負《ま》けない人は幸福
恐《おそ》れない人は幸福
信つよき人は幸福
皆《みな》さまは幸福の王女《おうじょ》なり」――三十年ほど前、インドの女性たちへ、妻と贈《おく》った指針《ししん》である。

私の妻も、同志たちと常々《つねづね》「負《ま》けない一生を」と、心に期《き》してきた。九歳で家族と共《とも》に信心を始めた妻も、学会員として歩《あゆ》み抜《ぬ》いた足跡《そくせき》は、この七月で満八十年となった。牧口先生の手を引いて自宅の座談会へ案内した草創《そうそう》の〝未来部〟であり、戸田先生のもとで女子部の一期生、そして〝ヤング白ゆり世代《せだい》〟としても奮闘《ふんとう》してきた。

インドをはじめ世界の平和の太陽たる女性たちが、一人《ひとり》ももれなく「負けない」一日一日を積《つ》み重ね、幸福勝利《しょうり》の人生であれと、妻は題目《だいもく》を送り続《つづ》けている。

＊

戸田先生が一九五七年（昭和三十二年）の九月八日、横浜・三ツ沢《みざわ》の競技《きょうぎ》場《じょう》で、「原水爆禁止宣言《げんすいばくきんしせんげん》」を発表された意義《いぎ》は、あまりにも深《ふか》く大きい。

その二カ月ほど後《のち》、先生は最悪《さいあく》の体調《たいちょう》にもかかわらず、広島訪問《ほうもん》を断行《だんこう》しようとされた。戦時下の過酷《かこく》な二年間の投獄《とうごく》、さらに十数年に及《およ》ぶ広布《こうふ》の激闘《げきとう》で、身体の憔悴《しょうすい》は甚《はなは》だしかった。

お体を案《あん》じて中止を進言《しんげん》した私を、先生は叱責《しっせき》し、「死んでも俺《おれ》を広島に行かせてくれ！」と叫《さけ》ばれた。

病状悪化《びょうじょうあっか》で願望《がんぼう》は叶《かな》わなかったが、なぜ、それほどまで執念《しゅうねん》を燃《も》やされたのか。先生は、同志が待っているのだと言われた。特に広島平和記念館（当時）では、同志の新出発の集《つど》いが予定《よてい》されていたのである。

人類で最初に原爆《げんばく》の犠牲《ぎせい》となった広島に赴《おもむ》き、民衆《みんしゅう》の生存《せいぞん》の権利《けんり》を危機《きき》に陥《おちい》らせている魔性《ましょう》の権力《けんりょく》の根《ね》を絶《た》つのだ、という烈々《れつれつ》たる師《し》の気迫《きはく》に、弟子《でし》の私は感涙《かんるい》を抑《おさ》えられなかった。

第六天の魔王《まおう》との「と《取》られじ、うば《奪》わん」（新１６３５ページ・全１２２４ページ）という絶《た》え間《ま》ない法戦《ほうせん》に臨《のぞ》んで、「一度もしりぞ《退》く心なし」（同ページ）と言われた大聖人の大闘争《だいとうそう》に、我《われ》ら創価の師弟《してい》は、勇気凜々《りんりん》と連《つら》なっていくのである。

＊

原爆《げんばく》の恐《おそ》ろしさ、残酷《ざんこく》さを世界に知らしめた絵画《かいが》に、丸木位里《まるきいり》・俊夫妻《としふさい》の「原爆の図《ず》」がある。位里氏は現在の広島市安佐北区《あさきたく》の出身、俊夫人は北海道空知管内《そらちかんない》の秩父別町《ちっぷべつちょう》出身であった。

敗戦後《はいせんご》の占領下《せんりょうか》、厳《きび》しい検閲《けんえつ》で、原爆《げんばく》の悲惨《ひさん》な実態《じったい》が公《おおやけ》にされず、語られることがなくなっていく世の中に、「これはいけない」と位里氏《いりし》は憤怒《ふんぬ》した。

「原爆《げんばく》をうやむやにするわけにはいかない、このことは描いて残さなければならない」——その思いが、「原爆の図」の連作《れんさく》に結実《けつじつ》していったのだ。(2)

ともあれ〝黙《だま》ってはいられない〟との、やむにやまれぬ大感情《だいかんじょう》こそ、無関心《むかんしん》や臆病《おくびょう》や忘却《ぼうきゃく》に覆《おお》われた社会の中で、真実《しんじつ》を救《すく》い出《だ》す原動力《げんどうりょく》である。

日蓮大聖人は「言わずんばあるべからず」（新25ページ・全17ページ）と仰《おお》せになられた。

大聖人が放《はな》たれた破邪顕正《はじゃけんせい》の師子吼《ししく》は、七百年の時を超《こ》えて、戸田先生が原水爆《げんすいばく》の奥《おく》に潜《ひそ》む魔性《ましょう》の思考《しこう》を打《う》ち破《やぶ》られた洞察《どうさつ》にまで、底深《そこぶか》く響《ひび》き渡《わた》っている。

この恩師《おんし》の精神《せいしん》を受《う》け継《つ》ぐのが、我《われ》らの言論戦《げんろんせん》だ。

ゆえに「広島原爆《げんばく》の日」にあたる八月六日を、私は小説『新・人間革命』の「起稿《きこう》の日」とし、〝命《いのち》の限《かぎ》り〟と新聞連載《しんぶんれんさい》を続《つづ》けた二十五年後《ご》のその日を、「脱稿《だっこう》の日」とした。そして恩師《おんし》が「原水爆禁止宣言《げんすいばくきんしせんげん》」を発表した九月八日、『新・人間革命』の連載《れんさい》を終えたのだ。

今や、バトンは未来に託《たく》された。わが愛弟子《まなでし》であり分身《ぶんしん》である新時代の〝山本伸一たち〟が、人生の「人間革命」のドラマを、世界中で壮大《そうだい》に舞《ま》い、多彩《たさい》に綴《つづ》ってくれている。

「長崎原爆《げんばく》の日」の九日を中心に、第三十回の節《ふし》を刻《きざ》む「青年不戦《ふせん》サミット」がオンラインで行《おこな》われ、広島、長崎、沖縄の三県をはじめ全国の青年部代表や、男女高等部など未来部の友が、真剣《しんけん》な瞳《ひとみ》で参加した。

不戦《ふせん》と核兵器廃絶《かくへいきはいぜつ》への誓《ちか》いを、後継《こうけい》の青年たち鳳雛《ほうすう》たちが、凛然《りんぜん》と継承《けいしょう》してくれている。これほど頼《たの》もしいことはない。

＊

先日、レバノン共和国《きょうわこく》のアラブ科学《かがく》出版社から、トインビー博士と私の対談集のアラビア語版が発刊《はっかん》された。博士との対談から明年で五十星霜《せいそう》。これで翻訳《ほんやく》出版は三十言語となる。（現在は世界三十一言語）

博士も、きっと喜《よろこ》んでくださるであろう。陰《かげ》の労苦《ろうく》を惜《お》しまず、ご尽力《じんりょく》いただいた全《すべ》ての関係の方々《かたがた》に、心から御礼申《おんれいもう》し上《あ》げたい。

博士は、人格《じんかく》と人格の邂逅《かいこう》からこそ、真《しん》に新しい創造《そうぞう》が生まれると洞察《どうさつ》されていた。(3) ゆえに、創価の私たちに、人類を結《むす》び、文明《ぶんめい》を結《むす》ぶ「生への選択《せんたく》」の対話を託《たく》してくださったのだ。

今、身近《みぢか》な地域《ちいき》社会にあっても、広範《こうはん》な地球社会にあっても、感染症《かんせんしょう》や気候変動《きこうへんどう》、分断《ぶんだん》や対立《たいりつ》など山積《さんせき》する課題《かだい》に、一段《いちだん》と対話を繰《く》り広げて英知《えいち》を結集《けっしゅう》し、新たな価値創造《かちそうぞう》の力《ちから》を発揮《はっき》していかねばならない。

地涌《じゆ》の世界市民が先頭《せんとう》に躍《おど》り出《で》て、人類の宿命転換《しゅくめいてんかん》への連帯《れんたい》を拡大《かくだい》するのだ。

＊

恩師《おんし》の膝下《しっか》で私が戦い始めた若き日、雑記帳《ざっきちょう》に書《か》き留《と》めた民衆詩人《みんしゅうしじん》ホイットマンの詩《し》の一節《いっせつ》がある。

「人間の肉体《にくたい》は言葉である、千万の言葉である」(4)と。

口先《くちさき》だけの薄《うす》っぺらな言葉ではない。その人の全身《ぜんしん》から滲《にじ》み出《で》る勇気と信念《しんねん》、誠実《せいじつ》な声、明《あか》るい笑顔《えがお》、そして思いやりにあふれた振《ふ》る舞《ま》いほど雄《ゆう》弁《べん》なものはない。その模範《もはん》こそ、学会の父たち母たちである。

さあ、それぞれが今いる場所《ばしょ》から、自分らしく希望の哲学《てつがく》を語り広げよう！

「いまだこりず候《そうろう》」（新1435ジペー・全1056ジペー）という不屈《ふくつ》の大情熱《だいじょうねつ》を

もって、対話の広場に出ていこう！
愛《あい》する若人《わこうど》たちよ、進むのだ。永遠に前へ！　尊《とうと》き同志よ、朗《ほが》らかに
前へ！
生命の讃歌《さんか》、平和の凱歌《がいか》を、堂々《どうどう》と轟《とどろ》かせながら！

（1）タゴール著「迷える小鳥」藤原定訳、『タゴール著作集1　詩集Ⅰ』所収、第三文明社
（2）丸木位里著『丸木位里画文集　流々遍歴』岩波書店を引用・参照
（3）トインビー著『歴史の教訓』松本重治編訳、岩波書店、参照
（4）ホイットマン著『ホイットマン詩集』白鳥省吾訳、大泉書店

わが胸に燃やせ開拓魂《かいたくだましい》

立正安国《りっしょうあんこく》へ　平和と幸福の潮《うしお》を！

二〇二一年九月二十三日

秋の「彼岸《ひがん》」に際《さい》し、崇高《すうこう》な広宣流布《こうせんるふ》への途上《とじょう》で逝去《せいきょ》された同志とご家族へ、懇《ねんご》ろに追善回向《ついぜんえこう》をさせていただいております。

さらに、コロナ禍《か》の中で亡《な》くなられた全《すべ》ての方々《かたがた》に心から題目《だいもく》を送ります。

そしてまた、この災厄《さいやく》の終息《しゅうそく》と、全同志の健康無事を懸命《けんめい》に祈《いの》っております。

御義口伝《おんぎくでん》には、「南無妙法蓮華経と唱《とな》え奉《たてまつ》る時、題目の光《ひかり》無間《むけん》に至《いた》って即身成仏《そくしんじょうぶつ》せしむ」（新991ジペー・全712ジペー）と仰《おお》せです。

私たちは、三世《さんぜ》永遠を照《て》らす妙法《みょうほう》の慈光《じこう》で、二十一世紀の地球と人類を、より明《あか》るく温かく包《つつ》んでいきたいと思うのであります。

＊

本年は、先師《せんし》・牧口常三郎《つねさぶろう》先生の大著《たいちょ》『創価教育学体系《たいけい》』の第二巻『価《か》値論《ちろん》』の発刊《はっかん》九十年に当たる。

先生は、同書で「人を救《すく》い世を救う」ことに、宗教《しゅうきょう》が社会に存立《そんりつ》する意《い》義《ぎ》があると、明晰《めいせき》に指摘《してき》された。

ゆえに、思想《しそう》の動揺《どうよう》、生活の不安にある末法《まっぽう》の現代において、「立正安《りっしょうあん》国《こく》」という民衆救済《みんしゅうきゅうさい》と平和創出《そうしゅつ》を掲《かか》げた日蓮仏法こそが、一宗一派《いっしゅういっぱ》を超《こ》えて人間の踏《ふ》むべき道を正しく開いていくのだと宣言《せんげん》されている。

先生は、この『価値論《かちろん》』を発刊《はっかん》した年の夏には、縁深《えにしふか》き北海道を訪《おとず》れ、札幌《さっぽろ》や岩見沢《いわみざわ》で、郷土《きょうど》教育について講演もされている。新渡戸稲造《にとべいなぞう》博士ら知識人との交流も地道《じみち》に続《つづ》けておられた。

相手の信条《しんじょう》や立場《たちば》など関係なく、自ら《みずか》動《うご》いて友情を広げ、価値創造《かちそうぞう》の連帯《れんたい》を結《むす》ばれた。そして、不二《ふに》の弟子《でし》・戸田城聖《じょうせい》先生と共《とも》に、「立正安国《りっしょうあんこく》」へ具体的《ぐたいてき》な行動を起《お》こしゆく創価の組織《そしき》の土台《どだい》を築《きず》かれたのである。

*

先師《せんし》と恩師《おんし》が率先《そっせん》して示《しめ》されたように、地道《じみち》な開拓《かいたく》こそ、勝利《しょうり》への王道《おうどう》である。そして、わが学会の常勝《じょうしょう》の前進は、最前線《さいぜんせん》の尊《とうと》き一《ひと》つ一つの地区から生まれる。

一九五六年（昭和三十一年）、あの「大阪の戦い」も、年頭《ねんとう》の異体同心《いたいどうしん》の地区部長会から始まった。

私たちは「大法興隆所願成就《だいほうこうりゅうしょがんじょうじゅ》」の関西常住《じょうじゅう》の御本尊の前で御聖訓《ごせいくん》を拝《はい》

した。

「いかなる世の乱《みだ》れにも各々《おのおの》をば法華経・十羅刹《じゅうらせつ》助《たす》け給《たま》えと、湿《しめ》れる木より火を出《い》だし、乾《かわ》ける土より水を儲《もう》けんがごとく、強盛《ごうじょう》に申《もう》すなり」（新1539ジペー・全1132ジペー）

この御文《ごもん》の如《ごと》く、大聖人正統《せいとう》の弟子《でし》として、我《われ》らは祈《いの》りをそろえて、不《ふ》可能《かのう》を可能にする道を豁然《かつぜん》と開こうと誓《ちか》い合ったのである。

関西の地区部長、地区担当員（現・地区女性部長）たちは、一念《いちねん》を私の一念に合わせて脈動《みゃくどう》させ、跳躍《ちょうやく》し、共《とも》に険路《けんろ》を越《こ》えてくれた。

法華経二十八品の最後に普賢菩薩《ふげんぼさつ》は誓《ちか》いを立てる。

すなわち、「法華経の行者《ぎょうじゃ》の苦しみを除《のぞ》き、安穏《あんのん》ならしめ、魔《ま》や魔民《まみん》が付け入らないように護《まも》ります」。「大いに歓喜《かんき》して精進《しょうじん》できるよう励《はげ》ましま す」。さらに、「法華経を全世界に流布《るふ》し、決して断絶《だんぜつ》させません」等《とう》と。

御本仏《ごほんぶつ》から「その国の仏法は貴辺《きへん》にまかせたてまつり候《そうろう》ぞ」（新1953

ページ・全1467ページ）と託《たく》された使命の天地《てんち》で、この普賢《ふげん》の誓《ちか》いを遂行《すいこう》するリーダーこそ、地区部長、地区女性部長なのだ。

「〝まさか〟が実現《じつげん》」の関西の初陣《ういじん》は、まぎれもなく全地区の凱歌《がいか》であった。

＊

大阪の戦いに続《つづ》く同年九月、恩師《おんし》・戸田先生から、私は「山口開拓指導《かいたくしどう》」の総責任者《そうせきにんしゃ》に任《にん》じられた。

当時、私は日記《にっき》に記《しる》した。

「義経《よしつね》の如《ごと》く、晋作《しんさく》の如く戦うか。歴史《れきし》に残る法戦《ほうせん》」

源義経《みなもとのよしつね》も、高杉晋作《たかすぎしんさく》も、〝世の中狭《せま》し〟と時代を乱舞《らんぶ》し、各地にその勇名《ゆうめい》を馳《は》せた。義経は〝我《われ》を手本《てほん》とせよ〟と兵庫の鵯越《ひよどりごえ》の坂を駆《か》け、讃岐《さぬき》の屋島《やしま》へ、長門《ながと》の壇《だん》ノ浦《うら》へと追撃《ついげき》した。

一方、高杉晋作《たかすぎしんさく》は幕末《ばくまつ》の長州《ちょうしゅう》で、維新回天《いしんかいてん》の大業《たいぎょう》を開いた。その祖先《そせん》は安芸国高田郡《あきのくにたかたぐん》（現・広島県安芸高田市）に居《きょ》を構《かま》え、後《のち》に毛利氏《もうりし》に仕《つか》えた戦国武将《せんごくぶしょう》とされる。「高杉」の名を冠《かん》した城跡《しろあと》もある。

さて、幕末乱世《ばくまつらんせい》、晋作《しんさく》が二十一歳の時に転機《てんき》が訪《おとず》れる。敬愛《けいあい》する師《し》の吉田松陰《しょういん》が処刑《しょけい》されたのである。

弟子《でし》は師匠《ししょう》の無念《むねん》を晴《は》らさんと立ち上がる。そのための開拓《かいたく》が、各地の志士《しし》と心を結《むす》ぶことだった。翌年《よくねん》、故郷《こきょう》の萩《はぎ》を起点《きてん》に、大阪、堺《さかい》へ、関東、信越《しんえつ》、北陸《ほくりく》へと駆《か》け巡《めぐ》った。

「動けば雷電《らいでん》の如《ごと》く、発《はっ》すれば風雨《ふうう》の如し」との縦横無尽《じゅうおうむじん》の行動は、短《たん》日月《じつげつ》に歴史回天《れきしかいてん》の礎《いしずえ》を築《きず》くのだ。

晋作《しんさく》が自《みずか》らに課《か》したのは〝困《こま》ったと言《い》わないこと〟である。「いかなる難局《なんきょく》に処《しょ》しても、必《かなら》ず、窮《きゅう》すれば通《つう》ずで、どうにかなる」(1)との確信《かくしん》に立っていた。

晋作《しんさく》が結成《けっせい》した「奇兵隊《きへいたい》」の隊士《たいし》となる条件《じょうけん》は、身分《みぶん》でも経歴《けいれき》でもない。志《こころざし》があるか否《いな》かであった。

「志《こころざし》」――これこそ、山口開拓指導《かいたくしどう》に携《たずさ》わった同志に共通《きょうつう》する自発《じはつ》の力《ちから》である。

恩師《おんし》は言われた。

「学会は日本の潮《うしお》である。平和と幸福の潮である。この潮を、全世界の潮流《ちょうりゅう》として、地上に理想《りそう》の社会をつくっていこうではないか」

この大理想《だいりそう》を実現するのだと、友は山口に駆《か》けつけてくれた。東京、関東、関西、そして岡山・広島など中国はもとより、北海道、東北、東海道、中部、さらに九州、四国からも、広布《こうふ》の志《こころざし》に燃《も》え、困難《こんなん》を突《つ》き抜《ぬ》けて開拓《かいたく》の対話に挑《いど》んだのである。

思うように拡大《かくだい》が進まないと悩《なや》むリーダーたちとは「必《かなら》ずできる。我《われ》らは民衆《みんしゅう》を救《すく》うために来た地涌《じゆ》の菩薩《ぼさつ》ではないか」と自負《じふ》し合い、一緒《いっしょ》に壁《かべ》を破《やぶ》っていった。

この年（一九五六年）の十月から翌年《よくねん》一月までに三度、延《の》べ二十二日間の戦いで、山口の世帯数《せたいすう》は約十倍に飛躍《ひやく》し、新たな地区が澎湃《ほうはい》と誕生《たんじょう》したのである。

*

なぜ、この短期決戦《たんきけっせん》に勝てたのか。それは、どこまでも「一人《ひとり》を大切に」したからに他《ほか》ならない。

戸田先生は当時、幾度《いくど》となく語られていた。

「たった一人《ひとり》でも聞いてくれる者がある。一人の人に会えばよい」

人数ではない。一対一の対話を大事にして、縁《えん》した「一人《ひとり》」と心を通《かよ》わせることが、一切《いっさい》の原点《げんてん》である。

そして一人《ひとり》の顔が見える座談会こそ学会の縮図《しゅくず》であり、地区は励《はげ》ましのネットワークの中心基地《きち》である。地域《ちいき》に友情と信頼《しんらい》を広げる民衆《みんしゅう》の城《しろ》であり、桜梅桃李《おうばいとうり》の和楽《わらく》の園《その》なのだ。

地区こそ霊山《りょうぜん》の一会《いちえ》なり——私は、大切な座談会を希望と活力《かつりょく》の会座《えざ》にと、若き日から先駆《せんく》した。

ある時は、東京・足立区高野町《こうやちょう》（現・江北四丁目）で行《おこな》われた座談会に伺《うかが》った。青年が育っていることを心から喜《よろこ》ぶ支部長の姿《すがた》は、目に焼き付いて離《はな》れない。

北区東十条《ひがしじゅうじょう》の北会館（当時）での地区座談会のことも蘇《よみがえ》る。新来《しんらい》の友人たちも入会を決意された。

皆《みな》、愛《あい》する地元《じもと》への貢献《こうけん》を一段《いちだん》と強《つよ》めていかれた。現在も、地域《ちいき》の商店街などが大いに栄《さか》えていると伺《うかが》い、嬉《うれ》しい限《かぎ》りである。

沖縄の同志が、垣根《かきね》なく開かれた、楽《たの》しく賑《にぎ》やかな座談会で郷土《きょうど》の発展《はってん》の力《ちから》を結集《けっしゅう》してこられたことも、希望のモデルである。

東京

＊

一九六〇年（昭和三十五年）十月、東西冷戦《れいせん》の最中《さなか》、恩師《おんし》の写真を胸に旅立《たびだ》った世界広布の開拓《かいたく》も、「一人《ひとり》」の激励《げきれい》、「一地区」の結成《けっせい》から出発した。

いかなる時代状況《じょうきょう》であれ、一人《ひとり》の幸福から万人の蘇生《そせい》へ、一地区の和楽《わらく》から国土《こくど》の平和と繁栄《はんえい》へ波動《はどう》を起《お》こしゆくのが、我《われ》らの広宣流布《こうせんるふ》であるからだ。

忘《わす》れ得《え》ぬ光景《こうけい》がある。

一九七九年（昭和五十四年）十一月、豊島区巣鴨《すがも》の東京戸田記念講堂で行われた本部幹部会で、北海道・留萌管内《るもいかんない》の天売島《てうりとう》から参加した七十二歳の大ブロック長（現・地区部長）が素晴《すば》らしい体験発表をしてくれた。

烈風《れっぷう》に負《ま》けず、地域広布《ちいきこうふ》へ「激流《げきりゅう》の如《ごと》き情熱《じょうねつ》」を燃《も》やし、「果《は》てしなく広がる大空《おおぞら》の如き夢」をもち、「鉄石《てっせき》の決意」で戦い続《つづ》けると師子吼《ししく》したのだ。

この広布《こうふ》大願《だいがん》の闘魂《とうこん》に応《こた》えて、私は第三代会長辞任《じにん》後《ご》、初めて「威風《いふう》堂々《どうどう》の歌」の指揮《しき》を執《と》った。

*

七十年前、私は担当する地区で広布《こうふ》の開拓《かいたく》を、青春の熱誠《ねっせい》で開始した。日記《にっき》には、〝わが地区が完璧《かんぺき》になるよう、御本尊《ごほんぞん》に祈《いの》る〟との真情《しんじょう》を繰《く》り返《かえ》し綴《つづ》っている。

今も変わらぬ心で、日本全国、さらに全世界の全《すべ》ての地区に届《とど》けと、妻と共《とも》に題目《だいもく》を捧《ささ》げる日々である。

偉大《いだい》な地区部長、地区女性部長の健康長寿とご一家の栄光勝利《しょうり》、そして地区の全宝友《ほうゆう》の幸福安穏《あんのん》を祈《いの》り、記念の句《く》を贈《おく》りたい。

地区部長には――
不二《ふに》の指揮《しき》
地涌《じゆ》の黄金柱《はしら》に
凱歌《がいか》あれ

地区女性部長には――
福徳《ふくとく》の
創価の太陽《あなた》よ
舞《ま》い光《ひか》れ

さあ、わが地区の異体同心《いたいどうしん》の同志と共々《ともども》に、地涌《じゆ》の開拓魂《かいたくだましい》を燃《も》え上がらせて、新《あら》たな民衆凱歌《みんしゅうがいか》の金字塔《きんじとう》を打《う》ち立《た》てようではないか！

（1）一坂太郎著『松陰と晋作の志』ＫＫベストセラーズ

君の胸に凱歌《がいか》よ轟《とどろ》け

和楽《わらく》と勝利《しょうり》の城《しろ》は　民衆《みんしゅう》の大地《だいち》に！

二〇二二年十二月二十八日

先週から日本列島は強烈《きょうれつ》な寒波《かんぱ》に覆《おお》われ、信越《しんえつ》、東北をはじめ、北海道や北陸、中国、四国など各地で大雪が続《つづ》いた。

心よりお見舞《みま》い申《もう》し上《あ》げ、無事安穏《ぶじあんのん》を祈《いの》りたい。

日蓮大聖人も佐渡《さど》や身延《みのぶ》で厳《きび》しい冬を忍《しの》ばれた。

最晩年《さいばんねん》の弘安《こうあん》四年（一二八一年）の年の瀬《とし　せ》には、「とし《年》のさむ《寒》きこと、生まれて已来《このかた》いまだおぼ《覚》え候《そうら》わず。ゆき《雪》なんどのふり《降》つも《積》りて候《そうろう》ことおびただし」（新1978ジ《ペー》・全1486ジ《ペー》）と綴《つづ》られている。そうした中で、信心の真心《まごころ》を尽《つ》くす窪尼御前《くぼのあまごぜん》を、「釈迦仏《しゃかぶつ》・多宝仏《たほうぶつ》・十方《じっぽう》の諸仏《しょぶつ》にこの功徳《くどく》はまか《任》せまいらせ候《そうろう》」（同ページ）と讃《たた》えておられるのだ。

辛労《しんろう》が続《つづ》く中でも、「自他《じた》・彼此《ひし》の心なく」（新１７７５ページ・全１３３７ページ）、共《とも》に祈《いの》り、温《あたた》かく思《おも》いやって支《ささ》え合《あ》う我《われ》ら創価の連帯《れんたい》は、御本仏《ごほんぶつ》の御照覧《ごしょうらん》のもと、大宇宙の仏天《ぶってん》の加護《かご》に厚《あつ》く包《つつ》まれゆくことを確信《かくしん》したい。

＊

私たちの対話は、いかに凍《こご》えた生命《せいめい》にも、光《ひかり》と熱《ねつ》を送り、「冬は必《かなら》ず春となる」（新１６９６ページ・全１２５３ページ）との希望を共《とも》に輝《かがや》かせゆく触発《しょくはつ》といってよい。

特《とく》に「青年・飛躍《ひやく》の年」の本年、創価の若人《わこうど》は全国での「ＳＯＫＡユースフェスタ」で、最後の最後まで友情拡大へ挑戦《ちょうせん》の汗《あせ》を流してくれた。

「御義口伝《おんぎくでん》」講義《こうぎ》から六十周年に当《あ》たり、学生部をはじめ従藍而青《じゅうらんにしょう》の青年たちの求道《きゅうどう》に応《こた》えて、私も新《あら》たな講義《こうぎ》を開始した。今再《ふた》び、この師弟相伝《していそうでん》の重書《じゅうしょ》を共《とも》に学べる喜《よろこ》びは計《はか》り知れない。

今月十一日には、音楽隊の創価ルネサンスバンガードが、第五十回「マーチングバンド全国大会」で、実《じつ》に十七度目の日本一の栄冠《えいかん》に輝《かがや》いた。バンガードには「先駆者《せんくしゃ》」「先陣《せんじん》」の意義《いぎ》がある。まさに「青年・凱歌《がいか》の年《とし》」への先駆《さきが》けであった。

同日、第五十回「バトントワーリング全国大会」では、鼓笛隊《こてきたい》の創価中部ブリリアンス・オブ・ピースが美事《みごと》な演技《えんぎ》を披露《ひろう》してくれた。

青年の勝利《しょうり》は、何《なん》と頼《たの》もしいことか。後継《こうけい》の飛躍《ひやく》の姿《すがた》は、何と心躍《こころおど》るものか。この若《わか》き熱《ねつ》と力《ちから》を見守り、エールを惜《お》しまぬ父母《ちちはは》たちへの感謝《かんしゃ》は尽《つ》きない。

「四恩抄《しおんしょう》」には、「今生《こんじょう》の父母《ふぼ》は、我《われ》を生んで法華経を信ずる身《み》となせり」（新1216ページ・全937ページ）と記《しる》され、その恩《おん》は、いかなる大王等《だいおうとう》の家に生まれるより重いと説《と》かれている。

さらに、結成《けっせい》七十周年の統監部《とうかんぶ》、また教宣部《きょうせんぶ》、儀典部《ぎてんぶ》をはじめ、「誠《せい》実《じつ》」の二字に徹《てっ》して広宣流布《こうせんるふ》を支《ささ》えてくれる男子部の創価班や牙城会《がじょうかい》、壮年部の王城会《おうじょうかい》、女性部の香城会《こうじょうかい》、会館守る会、創価宝城会《ほうじょうかい》、会場提供《ていきょう》の方々《かたがた》、「無冠《むかん》の友」、新聞長、民音推進委員《みんおんすいしんいいん》ら皆様《みなさま》の献身《けんしん》のおかげで、本年も全《すべ》てに大勝利《だいしょうり》することができた。

わが愛《あい》する宝友《ほうゆう》の大奮闘《だいふんとう》に、心から御礼申《おんれいもう》し上《あ》げたい。本当にありがとう！

＊

創立祝賀《しゅくが》の本部幹部会では、創価グロリア吹奏楽団《すいそうがくだん》と関西吹奏楽団が、ベートーベンの交響曲《こうきょうきょく》第五番「運命《うんめい》」（第四楽章）の圧巻《あっかん》の演奏《えんそう》を披露《ひろう》してくれた。

苦悩《くのう》を突《つ》き抜《ぬ》けて歓喜《かんき》へ――「運命《うんめい》」などの名曲は、私も若き日、手回《てまわ》しの蓄音機《ちくおんき》でレコードがすり減《へ》るほど聴《き》いたものだ。

当時、わが師《し》・戸田城聖《じょうせい》先生の事業《じぎょう》は苦境《くきょう》に陥《おちい》り、私自身も胸を病《や》んでいた。だが、楽聖《がくせい》の力強《ちからづよ》い旋律《せんりつ》に魂《たましい》を震《ふる》わせ、〝この苦悩《くのう》の冬を越《こ》え、必《かなら》ず師弟凱歌《していがいか》の歓喜《かんき》の春を開いてみせる！〟と奮《ふる》い立ったのである。

ベートーベン自身、苦闘《くとう》の連続《れんぞく》だったことは有名である。しかし彼《かれ》は、過酷《かこく》な運命《うんめい》と戦う、自《みずか》らの使命に誇《ほこ》りを持っていた。〝自分は作曲できる。ほかに何《なに》もできることがなくとも〟(1)と。二百年前（一八二二年）の暮《く》れに残した自負《じふ》である。

この頃《ころ》から〝歓喜《かんき》の歌〟を織《お》り込《こ》んだ交響曲《こうきょうきょく》「第九」作曲への本格的《ほんかくてき》な取り組みも始めている。生命《せいめい》を鼓舞《こぶ》してやまない人類への贈《おく》り物《もの》は、決して順風《じゅんぷう》の中ではなく、むしろ逆風《ぎゃくふう》にさらされた苦闘《くとう》から、そして不屈《ふくつ》の志《こころざし》から生まれたのだ。

東京

人生は、山あり、谷あり。病気や仕事の苦悩《くのう》、家庭や人間関係の葛藤《かっとう》、将来《しょうらい》への不安《ふあん》など悩《なや》みは尽《つ》きない。だが、今の苦闘《くとう》には深《ふか》い意味《いみ》があると確信《かくしん》していくことだ。強盛《ごうじょう》な信心の一念《いちねん》がある限《かぎ》り、「宿命《しゅくめい》」も必《かなら》ず「使命」に転《てん》じられる。

恩師《おんし》は、同志に慈愛《じあい》の眼《まなこ》を向《む》けて呼《よ》びかけられた。

「悩《なや》みのある人は、一年間、真剣《しんけん》に信心してごらん。来年の今日までに絶対《ぜったい》に変わらないわけがない」

断《だん》じて、善《よ》く変わっていけるのが妙法《みょうほう》の力《ちから》である。いな、変えていくために私たちは信心しているのだ。

この確信《かくしん》、そして確《たし》かな「人間革命」の凱歌《がいか》の物語《ものがたり》を、明年も共々《ともども》に残していこうではないか!

＊

師走《しわす》の寒風《かんぷう》を突《つ》いて、関東の栃木《とちぎ》・群馬《ぐんま》へ駆《か》けたことがあった（一九七八年）。初日《しょにち》（二十六日）は、足利《あしかが》を訪問《ほうもん》。正月《しょうがつ》が目前《もくぜん》であり、新年の出発と地《ち》域《いき》の発展《はってん》を祝《いわ》おうと、有志《ゆうし》で餅《もち》つきが行《おこな》われた。

私も杵《きね》を振《ふ》るい、地元《じもと》の婦人が〝こねどり〟をしてくださった。杵を臼《うす》の中の餅《もち》に振り下《お》ろす。杵が上がった瞬間《しゅんかん》、すぐに餅をこね返《かえ》す。また振り下ろす。

そのリズミカルな動作《どうさ》を、「よいしょー、よいしょー」と皆《みな》の威勢《いせい》のよい掛《か》け声《ごえ》が包《つつ》む。息《いき》もぴったりと、みるみる真《ま》っ白《しろ》い餅《もち》がつき上がっていった。

この時、〝こねどり〟をしてくれた母は、後年《こうねん》、あの「よいしょー」の声が「勝《か》ち鬨《どき》」のようだったと回想《かいそう》されている。そして、日々、朗々《ろうろう》と唱《とな》える題目自体《だいもくじたい》が「勝ち鬨」ですと、笑顔皺《えがおじわ》を浮《う》かべて語られていた。

大聖人は「南無妙法蓮華経は師子吼《ししく》のごとし」（新１６３３ジペー・全１１２４

ジ゙ペー）、「日蓮が一門《いちもん》は師子《しし》の吼《ほ》うるなり」（新1620ジ゙ペー・全1190ジ゙ペー）と仰《おお》せである。

我《われ》らには、「師弟不二《していふに》」「異体同心《いたいどうしん》」という、何《なに》ものにも遮《さえぎ》られない、最《さい》極《ごく》の生命《せいめい》の呼吸《こきゅう》がある。

どんな困難《こんなん》があろうが、「よいしょー」と皆《みな》で力《ちから》を合わせ、勇敢《ゆうかん》に戦い越《こ》えていくのだ。題目《だいもく》の師子吼《ししく》を響《ひび》かせ、痛快《つうかい》なる勝ち鬨《どき》をあげていくのだ。

＊

「激動《げきどう》の時代である。勝負《しょうぶ》の世紀である。自分の足元《あしもと》を固《かた》めた人が勝者《しょうしゃ》となる。これが鉄則《てっそく》である」とは、恩師《おんし》の将軍学《しょうぐんがく》である。

乱世《らんせい》なればこそ、足元《あしもと》を大切にする。家庭や親族《しんぞく》、地域《ちいき》、職場など、自分がいる場所で地道《じみち》に信頼《しんらい》を結《むす》び、友情を広げていく。地味《じみ》なようであっても、それが、自他共《じたとも》の幸福を築《きず》く最《もっと》も確実《かくじつ》な力《ちから》となるからだ。

顧《かえり》みれば、戸田先生が、「一家和楽の信心」「各人が幸福をつかむ信心」「難《なん》を乗《の》り越《こ》える信心」との指針《ししん》を示《しめ》されたのは、ご自身の願業《がんぎょう》たる「七十五万世帯の弘教《ぐきょう》」を達成《たっせい》した直後《ちょくご》、六十五年前（一九五七年）の師走《しわす》のことであった。

自《みずか》らの家庭を支《ささ》え、自らが幸福をつかみ、自らが難《なん》を乗《の》り越《こ》える――足元《あしもと》を固《かた》めてこそ、人生の凱歌《がいか》も、広布《こうふ》の凱歌もある。幸福と平和の城《しろ》は、この揺《ゆ》るがぬ民衆《みんしゅう》の大地《だいち》に立つのだ。

ある懇談《こんだん》の折《おり》、「家族が信心に反対なのですが……」と思い詰《つ》めた表情《ひょうじょう》で質問する友に、私は申《もう》し上《あ》げた。

「電灯《でんとう》のスイッチをひねるのは一人《ひとり》でいいんです。一人がひねれば、一緒《いっしょ》にいる人たちの周《まわ》りも明《あか》るくなる。家族の中で一人だけ信心していると いうのも、同じなんだよ」と。

「一は万《まん》が母」（新578ページ・全498ページ）だ。不退《ふたい》の信仰《しんこう》を貫《つらぬ》く一人《ひとり》がいれば、その福徳《ふくとく》の光《ひかり》は、必ず一家眷属《いっかけんぞく》を照《て》らす。だからこそ、目の前の「一人」を最大《さいだい》に温かく励《はげ》ましていくのだ。

大聖人は、身延《みのぶ》でも、周辺《しゅうへん》の古老《ころう》たちと「これほど寒《さむ》い冬はないね」と語り合われるなど、人間味あふれる交流《こうりゅう》を重ねられた。身近《みぢか》な近隣《きんりん》、地域《ちいき》を大切にされる振《ふ》る舞《ま》いを拝《はい》したい。

私自身、学会本部のある信濃町《しなのまち》で、自《みずか》ら進んで近隣《きんりん》の方々《かたがた》に挨拶《あいさつ》し、町内の商店に入るなどして、親交《しんこう》を深《ふか》めてきた。立川文化会館や神奈川文化会館をはじめ各地の訪問先《ほうもんさき》でも、近隣、地域《ちいき》へ、朗《ほが》らかに挨拶して回《まわ》ったことも懐《なつ》かしい。

*

七十年前（一九五二年）の暮《く》れ、前進の一年の総仕上《そうしあ》げとなる総会で、戸田先生は「なぜ人間に生まれてきたのか」と問《と》われ、こう断言《だんげん》された。

「我々《われわれ》は、この世《よ》に遊《あそ》びにきたのだ」と。

寿量品自我偈《じゅりょうほんじがげ》の「衆生所遊楽《しゅじょうしょゆうらく》（衆生の遊楽する所《ところ》なり）」を、今の私たちの身の上に展開《てんかい》されたのである。

「甘《あま》い汁粉《しるこ》には、砂糖《さとう》と塩《しお》がなければなりません。塩の程度《ていど》の苦労がなければ、真の幸せも感《かん》じられないのです」

たとえ今は、塩《しお》の加減《かげん》の方《ほう》が多くとも、やがて味《あじ》わい深《ふか》い思い出となるのだ。

当時《とうじ》、私は日記《にっき》に書いた。

「職場も、革命も、組合《くみあい》も、時代《じだい》も、政治《せいじ》も、教育界《きょういくかい》も、科学界《かがくかい》も、すべて、青年を味方《みかた》にせずして勝利《しょうり》はない。青年を味方にするか、敵《てき》にするかが、すべての戦《いくさ》の鍵《かぎ》である」

この決意のままに、翌年《よくねん》、男子部の第一部隊長《ぶたいちょう》に就任《しゅうにん》した私は、若き地《じ》涌《ゆ》の友と連帯《れんたい》を大拡大《だいかくだい》していった。

いよいよ、「青年・凱歌《がいか》の年」の幕《まく》が開《あ》ける。

「凱歌《がいか》」とは、戦い勝《か》った祝《いわ》い歌のことだ。その「凱」の字には、「勝ち鬨《どき》」「楽《たの》しむ」という意義《いぎ》がある。

勝てば、心の底《そこ》から喜《よろこ》びの歌声も湧《わ》き上がる。

さあ、君の胸《むね》に、新《あら》たな栄光の凱歌《がいか》を！　我《われ》らは明《あか》るく楽《たの》しく、勇気の声、希望の声、英知《えいち》の声を響《ひび》かせていこうではないか！

（1）ルイス・ロックウッド著『ベートーヴェン　音楽と生涯』土田英三郎・藤本一子監訳、沼口隆・堀朋平訳、春秋社、参照

＊ベートーベンについては、小松雄一郎著『ベートーヴェン　第九――フランス大革命に生きる』築地書館、小松雄一郎編訳『新編　ベートーヴェンの手紙（下）』岩波書店、津守健二著『ベートーヴェンの言葉』朝日新聞社、山根銀二著『ベートーヴェン研究（下）』未来社、前田昭雄著「ベートーヴェンこの時期」、『ベートーヴェン全集9　世界と内奥　１８２３―１８２７年』所収、講談社等も参照した。

打《う》ち鳴《な》らせ希望の暁鐘《ぎょうしょう》

「冬は必《かなら》ず春」と不屈《ふくつ》の前進

二〇二一年一月十九日

日蓮大聖人は後半生《こうはんせい》、佐渡《さど》（現・新潟県）、さらに甲斐《かい》（現・山梨県）の山で、大雪《おおゆき》の冬を堪《た》え忍《しの》ばれ、広宣流布《こうせんるふ》と令法久住《りょうぼうくじゅう》の法戦《ほうせん》を貫《つらぬ》かれた。

ある冬は、近隣《きんりん》の年配者《ねんぱいしゃ》たちに尋《たず》ねても口々に「古《いにしえ》これほどの寒《さむ》きこと候《そうら》わず」（新1495ジペー・全1098ジペー）と驚《おどろ》くほどの酷寒《こっかん》で、「一丈《いちじょう》二丈五尺《しゃく》等」（同ジペー）という何メートルにも及ぶ積雪《せきせつ》であったと記《しる》されている。

また、深《ふか》い雪《ゆき》を物ともせず御供養《ごくよう》を届《とど》けた門下《もんか》を、「雪の中踏《ふ》み分けて御訪《おんとぶら》い候《そうろう》こと、御志《おんこころざし》、定めて法華経・十羅刹《じゅうらせつ》も知《し》ろしめし候らん」（新1997ページ・全1388ページ）とも讃《たた》えておられる。

「無冠《むかん》の友」をはじめ、雪《ゆき》にも北風にも負《ま》けず、誠実《せいじつ》に聡明《そうめい》に広布《こうふ》と社会に尽《つ》くす同志への御照覧《ごしょうらん》と、拝《はい》されてならない。

＊

御本仏《ごほんぶつ》・大聖人は、人生の苦難《くなん》と悲嘆《ひたん》にも退《しりぞ》かない女性門下《もんか》に、「法華経を信ずる人は冬のごとし」（新1696ページ・全1253ページ）と仰《おお》せになられた。

法華経の信心は、いわば〝冬の信心〟である。

「冬は必《かなら》ず春となる」（同ページ）という生命《せいめい》の法則《ほうそく》を確信《かくしん》し、忍耐強《にんたいづよ》く試練《しれん》の冬に挑《いど》み抜《ぬ》き、断《だん》じて「福徳《ふくとく》と歓喜《かんき》の春」を勝ち開く信仰《しんこう》なのだ。

一九五一年（昭和二十六年）一月、恩師《おんし》・戸田城聖《じょうせい》先生の事業《じぎょう》が絶体絶命《ぜったいぜつめい》の苦境《くきょう》にあった厳冬《げんとう》、日記《にっき》に私は書《か》き留《とど》めた。

東京

「冬来《きた》りなば、春遠《とお》からじ。極寒《ごっかん》の冬なれど、春近しを思えば、胸はときめく。いかなる苦難《くなん》に遇《あ》っても、希望を決して捨《す》ててはならぬ」

ただ師匠《ししょう》をお守りするため、阿修羅《あしゅら》の如《ごと》く戦い抜《ぬ》く日々であった。苦境《くきょう》を打開《だかい》して、この年の五月三日、遂《つい》に、戸田先生の第二代会長就任《しゅうにん》という希望輝《かがや》く「師弟凱歌《がいか》の春」を迎《むか》えたのである。

その翌月《よくげつ》の十日、先生が晴《は》れ晴《ば》れと「白ゆりの香《かお》りも高き集《つど》い」と詠《よ》まれ、結成《けっせい》されたのが、わが婦人部である。

「ゆり」の花は、古代《こだい》ローマでも、「希望」の象徴《しょうちょう》とされていたという。

今、不安《ふあん》の闇《やみ》に覆《おお》われた世界にあって、何《なに》よりも明《あか》るく温かい「希望の陽光《ようこう》」を放《はな》っているのは、本年、結成《けっせい》七十周年を迎《むか》える「太陽の婦人部」であると、私たちは声を大にして宣揚《せんよう》したい。

全国津々浦々《つつうらうら》で、自他共《じたとも》に幸《さち》の価値創造《かちそうぞう》の喜《よろこ》びを広げている「ヤング白ゆり世代《せだい》」の友もまた、新時代の希望の花そのものではないか。

＊

御聖訓《ごせいくん》に「月々日々につより《強》給《たま》え」（新1620ページ・全1190ページ）と仰《おお》せなるがゆえに、若き日の私は、とりわけ毎年一月より果敢《かかん》なスタートダッシュを心してきた。

雪の北海道・夕張《ゆうばり》を初訪問《はつほうもん》したのも、一九五七年（昭和三十二年）の一月十三日であった。健気《けなげ》な同志たちの信教《しんきょう》の自由が侵害《しんがい》された〝夕張炭労事《たんろうじ》件《けん》〟に立ち向かい、勝利《しょうり》した年である。幾重《いくえ》にも共戦《きょうせん》の歴史《れきし》が蘇《よみがえ》る。

今年の冬、夕張《ゆうばり》方面は例年に倍《ばい》する豪雪《ごうせつ》と伺《うかが》った。ご苦労《くろう》が偲《しの》ばれる。

これまでも夕張《ゆうばり》はじめ北海道の同志は、炭鉱《たんこう》の事故《じこ》や自然災害《しぜんさいがい》、また経《けい》済苦《ざいく》、自身や家族の病気などを、どれほど勇敢《ゆうかん》に乗り越えてきたことか。

あの炭労《たんろう》事件《じけん》の歴史《れきし》を学び、人権蹂躙《じんけんじゅうりん》の悔《くや》しさとともに正義《せいぎ》の勝《か》ち鬨《どき》を命《いのち》に刻《きざ》んだ広布《こうふ》の母は、何《なに》があっても「大丈夫《だいじょうぶ》！」と、微笑《ほほえ》みを湛《たた》えた一言で友を励《はげ》ましてきた。

自《みずか》らも癌《がん》と闘《たたか》い続《つづ》けたこの母が語る「大丈夫《だいじょうぶ》！」とは、何《なん》とかなるという願望《がんぼう》でもなければ、なぐさめでもない。

「大難来《だいなんきた》りなば、強盛《ごうじょう》の信心いよいよ悦《よろこ》びをなすべし」（新1720ジペー・全1448ジペー）との御聖訓通《ごせいくんどお》り、誓願《せいがん》の題目《だいもく》を唱《とな》え抜《ぬ》けば、解決《かいけつ》できないことは何《なに》もないとの揺《ゆ》るがぬ確信《かくしん》なのだ。

夕張《ゆうばり》の偉大《いだい》な母たちには、使命《しめい》の大地《だいち》に根《ね》を張《は》り、地下《ちか》千メートルの坑《こう》道《どう》の底《そこ》までも妙法《みょうほう》を染《し》み込《こ》ませる一念《いちねん》で、広宣流布《こうせんるふ》と立正安国《りっしょうあんこく》に命《いのち》を尽《つ》くしてきた誇《ほこ》りがある。

ゆえに、愛《あい》する郷土《きょうど》から、福運《ふくうん》と人材《じんざい》の宝《たから》が無量《むりょう》に湧《わ》き出《で》てこないわけがない。絶対《ぜったい》に大丈夫《だいじょうぶ》！　――そう言い切《き》れる地涌《じゆ》のスクラムは、今、試《し》練《れん》の時代に挑《いど》む地域《ちいき》社会へ、「勇気」即《そく》「希望」を限《かぎ》りなく広げているのだ。

＊

また、同年（一九五七年）一月、私は、「永遠の平和の都《みやこ》」たる広島を、初めて訪《おとず》れた。

関西青年部への激励《げきれい》と山口開拓指導《かいたくしどう》を戦い切って広島入《い》りし、当時、岡山支部に所属《しょぞく》していた広島地区の決起《けっき》大会に出席したのだ。その日は、一月二十六日であった。

帰京後《ききょうご》、山口闘争《とうそう》、また広島、岡山はじめ意気軒昂《いきけんこう》な中国の同志の様子《ようす》をご報告《ほうこく》すると、戸田先生は会心《かいしん》の笑《え》みを浮《う》かべて喜《よろこ》んでくださった。

先生が歴史的《れきしてき》な「原水爆禁止宣言《げんすいばくきんしせんげん》」を発表されたのは、それから八カ月後のことだ。

さらに、世界の平和を願い、「創価学会インタナショナル（ＳＧＩ）」が発足《ほっそく》したのは、奇《く》しくも広島の同志との新出発から満十八年後の、一月二十六日であった。

本年、このSGIの記念日を前にして、来《きた》る二十二日には、「核兵器禁《かくへいききん》止条約《しじょうやく》」が、いよいよ発効《はっこう》の時を迎《むか》える。

〝核兵器《かくへいき》による悲劇《ひげき》を二度と繰《く》り返《かえ》させてはならない〟との広島、長崎の被爆者《ひばくしゃ》の方々《かたがた》の声が、大いなる推進力《すいしんりょく》となった画期的《かっきてき》な条約《じょうやく》である。

平和原点《げんてん》の天地《てんち》・広島、長崎をはじめ、不戦《ふせん》を願う市民社会の連帯《れんたい》を一段《いちだん》と強《つよ》め、「核兵器《かくへいき》のない世界」へ人類の希望の一歩前進《いっぽぜんしん》を誓《ちか》い合《あ》いたい。

*

「この世《よ》で最《もっと》も偉大《いだい》な力《ちから》」とは何《なに》か。

奇跡《きせき》と謳《うた》われる戦後《せんご》の広島の復興《ふっこう》に心を砕《くだ》き、尽力《じんりょく》された〝アメリカの良心《りょうしん》〟カズンズ博士は、私との対談《たいだん》で語られた。

「生命《せいめい》の再生能力《さいせいのうりょく》です。人間は肉体、精神両面において、苦痛《くつう》や試練《しれん》を克服《こくふく》し、病《やまい》を治癒《ちゆ》する本然《ほんねん》の能力を持っている」と。

しかし博士は、「それ以上に素晴《すば》らしいもの」があると言われた。

すなわち、「『希望』の力《ちから》」である。

「希望こそ私の秘密兵器《ひみつへいき》」——これが、博士の強《つよ》さの源泉《げんせん》だったのだ。

御聖訓《ごせいくん》には「妙法《みょうほう》の大良薬《だいろうやく》をもって一切衆生《いっさいしゅじょう》の無明《むみょう》の大病《たいびょう》を治《じ》せんこと疑《うたが》いなきなり」（新1004ページ・全720ページ）と仰《おお》せである。

社会が希望を失《うしな》い、苦悩《くのう》の闇《やみ》の中に沈《しず》んでいる時こそ、仏法の智慧《ちえ》は輝《かがや》き光《ひか》る。あきらめという無明《むみょう》の大病《たいびょう》を打《う》ち払《はら》い、万人《ばんにん》に未来への光明《こうみょう》を赫々《かっかく》と示《しめ》していけるのだ。

そして、現実の病気と闘《たたか》う友に、「病《やまい》ある人仏《ほとけ》になる《成》べき」「病によりて道心《どうしん》はおこ《発》り候《そうろう》なり」（新1963ページ・全1480ページ）と、永遠の次元《じげん》から究《きゅう》極《きょく》の希望を贈《おく》り、蘇生《そせい》させていくのも、日蓮仏法なのである。

＊

私が最初のアジア歴訪《れきほう》に出発したのは、六十年前の一九六一年（昭和三十六年）一月であった。

希望の大光《たいこう》を放《はな》つ「太陽の仏法」を、アジア、そして全世界の苦悩《くのう》の民《みん》衆《しゅう》に伝《つた》えたい——そう願ってやまなかった恩師《おんし》の「仏法西還《せいかん》」「東洋広《とうようこう》布《ふ》」の夢の実現《じつげん》を誓《ちか》い、不二《ふに》の弟子《でし》として、勇《いさ》んで先駆《さきが》けたのである。

この旅《たび》を前に、私は福岡県の小倉《こくら》（現・北九州市）で行《おこな》われた九州の三総支部結成《けっせい》大会に出席した（一月八日）。開会前から会場に響《ひび》き渡《わた》っていたのは、九州で生まれた「東洋広布《とうようこうふ》の歌」である。

我《われ》らの手で新《あら》たな広布《こうふ》の道を開かん！——あの日以来《いらい》、九州の友がどれほど「先駆《せんく》」の歴史《れきし》を開いてくれたことか。

本年「希望・勝利《しょうり》の年」も、〝創立百周年の主役は青年！〟と、いずこにも先駆《さきが》けて対話の拡大《かくだい》に走《はし》り抜《ぬ》いてくれている。

その勇気と団結の行動こそ、まさしく「世紀乱舞《らんぶ》の人」ともいうべき地《じ》涌《ゆ》の躍動《やくどう》といってよい。

＊

来月十六日は、大聖人が安房国《あわのくに》（現・千葉県）に御聖誕《ごせいたん》されて八百年（数え年）の大佳節《だいかせつ》である。

相模国《さがみのくに》（現・神奈川県）で竜《たつ》の口《くち》の法難《ほうなん》を勝ち越《こ》え、発迹顕本《ほっしゃくけんぽん》されて満七百五十年でもある。

法難《ほうなん》当時（文永八年〈一二七一年〉九月十二日）、大聖人は御年《おんとし》五十歳であられた。今の壮年部の世代《せだい》と重なる。

大聖人は頸《くび》の座《ざ》に臨《のぞ》まれて、「今が最期《さいご》です」と嘆《なげ》く弟子《でし》・四条金吾《しじょうきんご》に対《たい》し、「これほどの悦《よろこ》びをばわら《笑》えかし」（新1231㌻・全914㌻）と雄々《おお》しく悠然《ゆうぜん》と励《はげ》まされた。

最《もっと》も大変な時に、最大最上《さいだいさいじょう》の境涯《きょうがい》を開く。これが仏法の真髄《しんずい》である。

信心に行き詰《づ》まりは断《だん》じてない。困難《こんなん》を前に、あきらめて、うなだれる必要《ひつよう》などない。堂々《どうどう》と笑《わら》い飛《と》ばしていけ。創価の負《ま》けじ魂《だましい》を、烈々《れつれつ》と燃《も》え上《あ》がらせていくのだ。大信力《だいしんりき》、大行力《だいぎょうりき》を奮《ふる》い起《お》こして祈《いの》り戦うのだ。この人間革命にこそ、「わが発迹顕本《ほっしゃくけんぽん》」もある。

人類全体の転換期《てんかんき》の中で、創価学会は今、新《あら》たな発迹顕本《ほっしゃくけんぽん》の時を迎《むか》えているといってよい。

それは決《けっ》して遠《とお》くにあるのではない。一人《ひとり》ひとりが「私が創価学会だ」「今に見よ！」と頭《こうべ》を上げて不撓不屈《ふとうふくつ》の挑戦《ちょうせん》を続《つづ》けゆく中に、その実相《じっそう》があることを忘《わす》れまい。

＊

戸田先生は、未来を切り開く若き地涌《じゆ》の力《ちから》を信じておられた。ゆえに「創価の青年のたくましさを吹《ふ》き込《こ》んでこそ、世界の青年層《そう》を力《ちから》強《づよ》く蘇《よみがえ》らせることができる」と断言《だんげん》されたのだ。

「阪神《はんしん》・淡路《あわじ》大震災《だいしんさい》」から二十六年。

そして「東日本大震災」から十年——。

創価の青年たちは、艱難《かんなん》の冬将軍に幾《いく》たびも打ち勝ち、いやまして、たくましく鍛錬《たんれん》されてきた。今、コロナ禍《か》にあっても、この不屈《ふくつ》の心を全世界の「従藍而青《じゅうらんにしょう》」の若人《わこうど》が社会に広げてくれている。

未来部の若木《わかぎ》たちも、何《なん》と力強《ちからづよ》く、また頼《たの》もしく伸《の》びていることか。

地球社会の人道《じんどう》の大城《だいじょう》の建設へ、希望の暁鐘《ぎょうしょう》を打ち鳴《な》らす「青年部幹部会」の開催《かいさい》も目前《もくぜん》だ。

わが国土《こくど》、わが街《まち》の青年の成長と勝利《しょうり》を皆《みな》で祈《いの》り、共々《ともども》に青年の心で邁《まい》進《しん》しようではないか！

創価の光輝

凱歌《がいか》の秋へ勇者共戦《ゆうしゃきょうせん》

今再《ふたた》び「大いなる広布《こうふ》の山」を登れ！

二〇二一年十月十四日

広宣流布《こうせんるふ》に生きゆく我《われ》らは、御本仏《ごほんぶつ》と常《つね》に共《とも》にある。

日蓮大聖人は、甲州《こうしゅう》（現・山梨県）と「一千里《り》の山海《さんかい》」を隔《へだ》てた佐渡の老《お》いたる功労《こうろう》の国府尼《こうのあま》に仰《おお》せになられた。

「日蓮こいしく《恋》おわせば、常に出《い》ずる日、ゆうべ《夕》にいずる《出》月をおがま《拝》せ給《たま》え。いつとなく日月《にちがつ》にかげ《影》をうかぶる《浮》身なり」（新1756ジペー・全1325ジペー）

妙法《みょうほう》で結ばれた創価家族には、日天《にってん》・月天《がってん》という天の明鏡《みょうきょう》にも映《うつ》し出《だ》されゆく、壮大《そうだい》なロマンの絆《きずな》がある。日本中、世界中の地涌《じゆ》の宝友《ほうゆう》と誓願《せいがん》の祈《いの》りを一つに、共《とも》に励《はげ》まし合い、異体同心《いたいどうしん》の大連帯《だいれんたい》を広げゆくのだ。

＊

去《さ》る十月七日は、「勝利島部《しょうりとうぶ》」の日であった。

この記念日に際《さい》して、全国の二百三十を超《こ》える島々で活躍《かつやく》されている、多くの友の近況《きんきょう》を伺《うかが》った。

北は北海道、東北から、東京、信越《しんえつ》・北陸の島々、中部、関西の島々、広島など中国、四国の島々、南の九州・沖縄の島々まで――。

草創《そうそう》より、無理解《むりかい》な批判《ひはん》の中、忍耐《にんたい》して根《ね》を張《は》り、地域《ちいき》の発展《はってん》のために汗《あせ》を流し、厚い信頼《しんらい》を勝ち得《え》てきた多宝《たほう》の父母《ちちはは》がおられる。

負《ま》けじ魂《だましい》を燃《も》やし、コロナ禍《か》の苦難《くなん》とも闘《たたか》い、人間革命の実証《じっしょう》を示《しめ》しゆく同志がいる。島の〝希望の宝《たから》〟と光《ひか》る、凜々《りり》しき男女青年部、未来部の友もいる。

どんな烈風《れっぷう》もはね返し、友好《ゆうこう》と貢献《こうけん》の美事《みごと》な模範《もはん》を打《う》ち立てている創価の不軽菩薩《ふきょうぼさつ》たちに、私は合掌《がっしょう》する。一つ一つの島に届《とど》けと題目《だいもく》を唱《とな》え、一人《ひとり》ひとりに福徳安穏《ふくとくあんのん》あれ、栄光凱歌《えいこうがいか》あれと祈《いの》る日々である。

大聖人は、荒海《あらうみ》に浮《う》かぶ佐渡で、門下《もんか》はもとより島の人びとを大きく包容《ほうよう》されながら、「一閻浮提広宣流布《いちえんぶだいこうせんるふ》」の未来記を宣言《せんげん》された。

「一身一念法界《いっしんいちねんほうかい》に遍《あまね》し」（新135ページ・全247ページ）である。

地涌大願《じゆだいがん》の一念《いちねん》は、どんな限界《げんかい》をも破《やぶ》る。

一つの島の広布《こうふ》、一つの地域《ちいき》の立正安国《りっしょうあんこく》は、紛《まぎ》れもなく「一つの世界」の広布であり、立正安国なのである。

御本仏《ごほんぶつ》は「その国の仏法は貴辺《きへん》にまかせ《任》たてまつり候《そうろう》ぞ」（新1953ページ・全1467ページ）と門下《もんか》を激励《げきれい》された。

私たちは、いずこの地にあっても、わが使命の郷土《きょうど》、地域《ちいき》で、広布《こうふ》を託《たく》された幸福責任者なりと、誇《ほこ》りに胸《むね》を張《は》っていきたい。

*

佐渡の千日尼《せんにちあま》へのお手紙には、「悲母《ひも》の恩《おん》を報《ほう》ぜんために、この経《きょう》の題目を一切《いっさい》の女人《にょにん》に唱《とな》えさせせんと願《がん》ず」（新1739ジペー・全1312ジペー）と記《しる》されている。

牧口・戸田両先生以来《いらい》、このお心を拝《はい》し、母たち女性たちを大切にするのが、創価の師弟《してい》の心である。

早いもので、私が長編詩《ちょうへんし》「母」を作ってから、半世紀になる。一九七一年（昭和四十六年）の十月、大阪市の東淀川《ひがしよどがわ》体育館で行われた関西婦人部幹部会が、発表の場であった。

あの〝大阪の戦い〟から十五年。私と共《とも》に、けなげに奮闘《ふんとう》してくれた常勝《じょうしょう》関西の母たち女性たちに真っ先に贈《おく》りたかったのである。

まだ推敲《すいこう》の跡《あと》が残る詩の最終原稿《げんこう》を携《たずさ》えて、妻が私の名代《みょうだい》として参加した。

「母よ！／おお　母よ」

「あなたは　なんと不思議《ふしぎ》な力《ちから》を／なんと豊富《ゆたか》な力を　もっているのか」

私が詩にうたった感嘆《かんたん》と敬愛《けいあい》は、今も変わらない。いな、これからこそ、女性たちの「豊富《ゆたか》な力《ちから》」が輝《かがや》き光《ひか》っていくはずだ。

折々《おりおり》に、クリームイエローの気品《きひん》ある創価世界女性会館の前を通るたびに、妻が笑顔《えがお》をほころばせる。

二十一世紀開幕《かいまく》の前年、「婦人」ではなくして「世界女性」との名を冠《かん》して誕生《たんじょう》した殿堂《でんどう》の意義《いぎ》は深《ふか》い。

日眼女《にちげんにょ》（四条金吾《しじょうきんご》夫人）に送られた御書《ごしょ》には、妙法《みょうほう》の大功力《だいくりき》を譬《たと》え、「日《にち》月《がっ》にす過《ぎ》ぎんや。浄《きよ》きこと、蓮華《れんげ》にまさるべきや」（新1510ジペー・全1109

ページ）と仰《おお》せである。

太陽と月の如《ごと》く、蓮華《れんげ》の如く、まさに今、人びとに幸《さち》と智慧《ちえ》を送り、生《せい》命尊厳《めいそんげん》の女性の世紀を勝ち開く、希望のスクラムが新生《しんせい》しようとしている。

来《きた》る創立記念日の十一月十八日を期《き》して、女子部が女性部として新出発する。いよいよ多様性《たようせい》の時代をリードし、桜梅桃李《おうばいとうり》の個性《こせい》をのびやかに尊《そん》重《ちょう》して生《い》かし合い、朗《ほが》らかな幸福と平和の大前進が始まるのだ！

いかなる混迷《こんめい》の世の闇《やみ》も打《う》ち払《はら》う、この創価の宝光《ほうこう》を世界が待っている。

＊

青年の秋だ。希望の秋だ。そして勝利《しょうり》の秋だ！

大文豪《だいぶんごう》ゲーテは言った。

「青年は青年にたいしてもっとも強《つよ》く働きかける」「これが世界を活気《かっき》づけ、精神的《せいしんてき》にも肉体的《にくたいてき》にも死滅《しめつ》せしめない力《ちから》なのである」（1）と。

東京

七十年前（一九五一年）の十月、私たち青年部は猛然《もうぜん》と立ち上がった。皆《みな》が若き胸に抱《いだ》いていたのは、恩師《おんし》からいただいた指針《ししん》「青年訓《くん》」である。

「新しき世紀を創《つく》るものは、青年の熱と力《ちから》である」

「奮起《ふんき》せよ！　青年諸氏《しょし》よ。闘《たたか》おうではないか！　青年諸氏よ」

その一言一言に、男子部も女子部も心躍《おど》らせた。

恩師《おんし》は、さらに〝同志の士気《しき》を鼓舞《こぶ》し、広宣流布《こうせんるふ》の大願《だいがん》の中心人物たることを、自覚《じかく》せよ〟と絶大《ぜつだい》なる期待《きたい》を託《たく》されたのだ。

翌月《よくげつ》、東京都内で行われた学会全体の総会で、私は男子部を代表して「青年の確信《かくしん》」と題する決意発表を行《おこな》った。当時は班長《はんちょう》だったから、今でいえばニュー・リーダー、地区リーダーに当たるだろうか。

それは、恩師《おんし》の「青年訓《くん》」への報恩《ほうおん》の誓《ちか》いであった。

「われら青年は、そのお言葉を絶対虚妄《こもう》にいたしません」「闘争力《とうそうりょく》と、勇気に満ちたる青年が、学会青年の確信《かくしん》であります」と――。

この総会で戸田先生は、弟子《でし》に応《こた》えてくださるかのように、「創価学会の大誓願《だいせいがん》」と題して講演《こうえん》された。

「北条時宗《ほうじょうときむね》への御状《ごじょう》」――文永《ぶんえい》五年（一二六八年）、執権《しっけん》の北条時宗を諫《かん》暁《ぎょう》された御書を拝《はい》して、訴《うった》えられたのだ。

〝創価学会の魂《たましい》とは、この日蓮大聖人の魂を魂とし、一乗妙法《いちじょうみょうほう》の力《ちから》で、全民衆《ぜんみんしゅう》を救《すく》うのが、学会精神《せいしん》であります〟

この日から十年後（一九六一年）の十一月――。

「男子部の日」の淵源《えんげん》となった五日の男子部総会には十万人、そして十二日の「女子部の日」の淵源となった女子部総会には八万五千人の友が、勝《か》ち鬨《どき》をあげて集《つど》ったのである。

この時、私が第三代会長として指揮《しき》を執《と》り始めて一年半――生命《せいめい》の宝《ほう》塔《とう》を林立《りんりつ》させゆく青年たちの「勝利《しょうり》」の二字こそ、恩師《おんし》に捧《ささ》げる「師弟不《してい ふ》

二《に》の誓願《せいがん》の結晶《けっしょう》」となったのである。

*

それから、さらに二十星霜《せいそう》を経《へ》た一九八一年（昭和五十六年）。「青年の年」と銘打《めいう》ったこの一年、私は、総東京はもちろん、東海道、関東、関西、信《しん》越《えつ》、中部と、列島各地を、そして北中米、ハワイ、ソ連（ロシア）、欧州《おうしゅう》と、世界中を駆《か》け巡《めぐ》った。

一人《ひとり》の青年が本気で立ち上がれば、「二人・三人・百人と」広宣流布《こうせんるふ》の陣列《じんれつ》は必《かなら》ずや広がっていく。

師《し》の心を、わが心とする若人《わこうど》が一人《ひとり》いれば、その地域《ちいき》、その国の未来は明《あか》るい。これこそが、私が恩師《おんし》のもとで先駆《さきが》けた道であった。ゆえに、直接、会える、会えないではなく、私は、あらゆる機会《きかい》を捉《とら》え、全精魂《ぜんせいこん》を注《そそ》いで青年を励《はげ》ました。

この年の九月に行われた「北海道青年部総会」の大成功を報《ほう》じる聖教新聞を手に、私は「見たか！　北海道の青年が立ち上がったぞ！」と快哉《かいさい》を叫《さけ》んだことも懐《なつ》かしい。

十一月には、私は東京と関西で「嗚呼《ああ》黎明《れいめい》は近づけり」の歌の指揮《しき》を執《と》り、四国では、青年と共《とも》に「紅《くれない》の歌」で新時代の暁鐘《ぎょうしょう》を打《う》ち鳴《な》らした。そして、「青年の年」の総仕上《そうしあ》げが、九州・大分での長編詩「青年よ　二十一世紀の広布《こうふ》の山を登れ」の誕生《たんじょう》であった。

この勇者《ゆうしゃ》の共戦《きょうせん》によって本格的《ほんかくてき》に始まった反転攻勢《はんてんこうせい》から、今日《こんにち》に至《いた》る世界広布《こうふ》の大道《だいどう》が開かれたのだ。

大聖人は、「大悪《だいあく》おこ《起》れば大善《だいぜん》きた《来》る」（新2145ページ・全1300ページ）と断言《だんげん》され、勇《いさ》み立《た》つ生命《せいめい》を、「まい《舞》をもまい《舞》ぬべし」「立っておどり《踊》ぬべし」、そして「上行菩薩《じょうぎょうぼさつ》の大地よりいで《出》て給《たま》いしには、おどり《踊》てこそいで《出》て給いしか」（同ページ）と明《あ》かされている。

大悪《だいあく》――最も大変な時こそ、大善《だいぜん》へと、自分自身を、さらに社会をも転《てん》じていけると、勇《いさ》み、立ち上がるのが、仏法者にほかならない。そこには、憂《うれ》いも悲嘆《ひたん》も、感傷《かんしょう》も諦《あきら》めもない。喜《よろこ》びだ。最高無上《むじょう》の妙法《みょうほう》を実践《じっせん》する大歓喜《だいかんき》であり、わが使命を果《は》たす誉《ほま》れである。これほど尊《とうと》く充《じゅう》実《じつ》した「青春の勝利劇《しょうりげき》」はないのだ。

当時の若師子《わかじし》も、華陽《かよう》の乙女《おとめ》も、まっしぐらに広布《こうふ》の山を、私と一緒に登攀《とうはん》し、後継《こうけい》の陣列《じんれつ》を築《きず》いてくれている。皆《みな》、私の生命《せいめい》の奥底《おうてい》から離《はな》れることはない。

今再《ふたた》び、我《われ》らの前には「大いなる広布《こうふ》の山」がある。学会創立百周年の二〇三〇年へ、さらに二十二世紀の民衆勝利《みんしゅうしょうり》を開くために、越《こ》えてゆかねばならぬ山だ。

ゆえに私は、今再《ふたた》び、愛《あい》し信ずる地涌《じゆ》の君たちに、声を大にして訴《うった》えたい。

この山を登攀《とうはん》したならば、見える限《かぎ》りの世界がすべて君たちのものだ！　その所願満足《しょがんまんぞく》の歓喜《かんき》の法戦《ほうせん》こそ、無上道《むじょうどう》の人生であり、青春であるがゆえに、私はすべてを本門《ほんもん》の君たちに託《たく》したい！　――と。

（1）ゲーテ著『詩と真実　第2部』山崎章甫訳、岩波書店

未来のため 平和のために

「正義《せいぎ》の走者《そうしゃ》」の大星雲《だいせいうん》ここにあり

二〇二二年八月四日

「人類の平和を守るフォートレス（要塞《ようさい》）」たる、わが創価大学の講堂《こうどう》には、フランスの大文豪《だいぶんごう》ビクトル・ユゴーが書物《しょもつ》を携《たずさ》えて闊歩《かっぽ》する像《ぞう》が立つ。

台座《だいざ》には――

「海洋よりも壮大《そうだい》なる光景《こうけい》、それは天空《てんくう》である。天空よりも壮大なる光景、それは実に人の魂《たましい》の内奥《ないおう》である」(1)との、名作『レ・ミゼラブル』の深《しん》遠《えん》な一節《いっせつ》が刻《きざ》まれている。

今、この天空《てんくう》の壮大《そうだい》なる広がりを、より遠く、より明晰《めいせき》に観測《かんそく》しているのが、米航空宇宙局《べいこうくううちゅうきょく》（ＮＡＳＡ）のジェイムズ・ウェッブ宇宙望遠鏡《ぼうえんきょう》である。

史上最大《しじょうさいだい》の宇宙望遠鏡《うちゅうぼうえんきょう》から届《とど》いた天座《てんざ》の画像《がぞう》は、

――生まれたばかりの星々《ほしぼし》が大きく明《あか》るく成長《せいちょう》しゆく大星雲《だいせいうん》、

――百三十五億年前とも推定《すいてい》される太古《たいこ》の銀河《ぎんが》等々、いずれも目を瞠《みは》るばかりである。

願わくは、加速《かそく》する天文学《てんもんがく》の進展《しんてん》とともに、我《われ》ら地球民族《ちきゅうみんぞく》の心も、さらに大きく賢《かしこ》く広げて、かけがえのない「いのちの星《ほし》」を守り、平和に栄《さか》えさせていきたいものである。

そのために、内《うち》なる宇宙《うちゅう》というべき人間自身の生命《せいめい》の内奥《ないおう》を解明《かいめい》しゆく仏法《ぶっぽう》の英知《えいち》が、いやまして求《もと》められるのではないだろうか。

＊

ユゴーは、子どもたちの心の世界にこそ、大いなる希望を見出《みいだ》していた。

「子どもの本当の名前《なまえ》は何か」と、彼《かれ》は問《と》いかける。

答《こた》えは「未来」である。

「子どもの心に、種《たね》を蒔《ま》こう」。そして「正義《せいぎ》」と「歓喜《かんき》」を贈《おく》り、「子ども」を育てながら、「未来」を育てよう、と呼《よ》びかけたのである。(2)

恩師《おんし》・戸田城聖《じょうせい》先生のもとで、このユゴーの作品を学んだ折、先生は語られた。

「子どもは未来の宝《たから》だ。未来からの使者《ししゃ》だと思って大事にしなさい」

わが未来部の「躍進月間《やくしんげっかん》」である夏を迎《むか》えるたび、この恩師《おんし》の慈愛《じあい》の声が蘇《よみがえ》る。宝《たから》の中の宝である未来部の心に、勇気の種《たね》を蒔《ま》く夏だ。希望の未来を育《はぐく》む夏だ。

「E―1グランプリ」「E―1フェスティバル」をはじめ、少年少女部は「きぼう作文コンクール」「少年少女希望絵画展《かいがてん》」、中・高等部の友は「読書感想文コンクール」などへの挑戦《ちょうせん》を通《とお》し、大切な飛躍《ひやく》の節《ふし》を刻《きざ》んでいる。列島各地で行《おこな》われている「創価ファミリー大会」は、励《はげ》ましの善縁《ぜんえん》をどれほど地域《ちいき》に社会に広げているか。

日蓮大聖人は、「よき人にむつぶもの、なにとなけれども心もふるまい（振舞）も言《ことば》（直）もなおしくなるなり」（新2041ジペー・全1591ジペー）と仰《おお》せである。

あらためて未来部担当者の皆様方《みなさまがた》に、心から感謝申《かんしゃもう》し上げたい。また、教育本部等の方々《かたがた》のサポートも、有《あ》り難《がた》い限《かぎ》りである。

＊

この八月、創価大学を舞台《ぶたい》に、後継《こうけい》の「正義《せいぎ》の走者《そうしゃ》」である中等部の研《けん》修会《しゅうかい》、高等部の研修会が行《おこな》われる。

〝創価教育の父〟牧口常三郎《つねさぶろう》先生の喜《よろこ》びも、いかばかりか。

思えば、あの太平洋戦争《たいへいようせんそう》が始まった時、私は十三歳。終戦時は十七歳であった。まさに今の中学・高校生の世代《せだい》に当《あ》たる。

今、未来部の君たちが、コロナ禍《か》をはじめ激動《げきどう》の時代にあって、生命尊厳《せいめいそんげん》の仏法を持《たも》ち、「勉学第一」「友情第一」で負《ま》けじ魂《だましい》の青春を送っている。共《とも》に励《はげ》まし合って成長しゆく同志である。これほど嬉《うれ》しく、頼《たの》もしいことはない。

アメリカの名門《めいもん》ハーバード大学で、私は大乗《だいじょう》仏教、なかんずく日蓮仏法が必ずや二十一世紀文明に貢献《こうけん》し得《う》ることを講演《こうえん》した。（一九九三年九月、二度目の講演）

その時に提起《ていき》した判断《はんだん》の基準《きじゅん》が、宗教《しゅうきょう》をもつことが人間を「強《つよ》くするのか弱《よわ》くするのか」「善《よ》くするのか悪くするのか」「賢《かしこ》くするのか愚《おろ》かにするのか」という、三点である。

創価の未来部は、若《わか》くして妙法《みょうほう》を信仰《しんこう》することで、まぎれもなく「より強《つよ》く」「より善《よ》く」「より賢《かしこ》く」なる生命《せいめい》の軌道《きどう》を上昇《じょうしょう》していることを誇《ほこ》りとしていただきたいのだ。

*

日蓮仏法は、万人《ばんにん》に「尊極《そんごく》の仏の生命《せいめい》」を見出《みいだ》す。人種《じんしゅ》も民族も国籍《こくせき》も、また性別《せいべつ》も職業《しょくぎょう》も立場《たちば》も、そして年齢《ねんれい》も全《まった》く関係《かんけい》ない。

大聖人は、子どもを授《さず》かった門下《もんか》の夫妻《ふさい》に「現世《げんぜ》には跡《あと》をつぐ《継》べき孝子《こうし》なり、後生《ごしょう》にはまた導《みちび》かれて仏になら《成》せ給《たも》うべし」（新1631ページ・全1123ページ）と祝福《しゅくふく》されている。

子どもを一人《ひとり》の最極《さいごく》なる生命《せいめい》の当体《とうたい》として、尊敬《そんけい》し、尊重《そんちょう》し、信頼《しんらい》することは、仏法者の当然《とうぜん》の振《ふ》る舞《ま》いと言ってよい。

法華経に登場《とうじょう》する、八歳の竜女《りゅうにょ》が、自《みずか》らの即身成仏《そくしんじょうぶつ》の姿《すがた》を通《とお》して、「万《ばん》人成仏《にんじょうぶつ》」に疑《うたが》いを抱《いだ》いていた大人《おとな》たちに「妙法《みょうほう》への信《しん》」を奮《ふる》い起《お》こさせていく場面も、「子どもの尊厳性《そんげんせい》」を伝《つた》えるメッセージであろう。

子どもの人権《じんけん》というテーマについては、元国連事務次長《もとこくれんじむじちょう》のチョウドリ博士と語り合ったことも懐《なつ》かしい。国連で一九八九年に採択《さいたく》された「子どもの権利条約《けんりじょうやく》」の推進《すいしん》に、大きな役割《やくわり》を果《は》たされた方《かた》である。

博士は、二つのポイントに光《ひかり》を当《あ》てられていた。

一つは、「子どもには権利《けんり》があり、その権利を大人《おとな》社会は認《みと》める必要《ひつよう》がある」という基本理念《きほんりねん》だ。

二つには、大人《おとな》の行《おこな》いが、現在あるいは将来《しょうらい》に子どもたちに影響《えいきょう》を及《およ》ぼす場合、子どもに意見《いけん》を聴《き》くべきである——という点である。

子どもを一個の人格《じんかく》として敬愛《けいあい》し、相手《あいて》の発達段階《はったつだんかい》に合わせて伸びやかに意見《いけん》を引《ひ》き出《だ》しながら、その思いを受け止め、理解《りかい》し、できる限《かぎ》り反映《はんえい》しようと努《つと》めることとも言えようか。

東京

まさしく「対話」である。

家庭で、また地域《ちいき》で、子どもたちとこうした「語らい」を重ねることそれ自体《じたい》が、互《たが》いの「対話力《りょく》」を育《はぐく》み、望《のぞ》ましい人間関係をつくる力《ちから》を伸ばしていく。ひいてはそれが、平和な地域・社会の建設《けんせつ》にもつながっていくことを確信《かくしん》したい。

「もし私たちが、本当に世界の平和を実現《じつげん》したいのなら、そして戦争《せんそう》をなくす戦いを進めたいのなら、それは子どもたちから始めなければならない」(3)と、若《わか》き生命《せいめい》の可能性《かのうせい》を信じ抜《ぬ》いたマハトマ・ガンジーは断言《だんげん》した。

＊

法華経の宝塔品《ほうとうほん》では、十方分身《じっぽうふんじん》の諸仏《しょぶつ》が、釈尊《しゃくそん》と多宝如来《たほうにょらい》のもとへ集《あつ》まってくる。それは何故《なぜ》か。

「開目抄《かいもくしょう》」では、「法華経を弘《ひろ》めて未来の一切《いっさい》の仏子《ぶっし》にあたえん《与》」がためであると、明《あ》かされている（新120㌻・全236㌻）。

その熱情《ねつじょう》は、大きな苦しみに遭《あ》っているわが子を何《なん》としても救《すく》いたい、と願う父母《ちちはは》よりもさらに強盛《ごうじょう》であると、大聖人は仰《おお》せだ。

焦点《しょうてん》は「未来」である。「未来」を担《にな》い立つ子どもたち、青年たちのために、深《ふか》き慈愛《じあい》をもって道を創《つく》りゆく、創価家族の献身《けんしん》こそ、「仏の御心《みこころ》」を体現《たいげん》した姿《すがた》にほかならない。

創価学会は、人を励《はげ》まし、人を育てゆく究極《きゅうきょく》の人間教育の大地である。人を育てることは難事中《なんじちゅう》の難事だからこそ、その功徳《くどく》もまた計り知れない。

「報恩抄《ほうおんしょう》」は「花は根にかえ《帰》り、真味《しんみ》は土にとど《留》まる」（新262㌻・全329㌻）と結《むす》ばれている。

広布後継《こうふこうけい》の人材の花を咲《さ》かせるため、子どもたちの心の大地に「励《はげ》ましの水」を絶《た》え間《ま》なく注《そそ》ぎ、「太陽のごとき祈《いの》り」を重ね続《つづ》ける友の生命《せいめい》と一家眷属《いっかけんぞく》には、大いなる「幸福の花」「福徳《ふくとく》の実《みの》り」が限《かぎ》りなくもたらされるに違いない。

恩師《おんし》は厳然《げんぜん》と語られた。

「百年後、二百年後のために、今、戦うのだ。二百年先には、創価の道の正しさを歴史《れきし》が証明《しょうめい》する。後世《こうせい》の人類が必《かなら》ず証明するよ」

*

七十五年前（一九四七年）の八月、十九歳の私が初めて戸田先生と出会った折《おり》に問《と》うた「正しい人生」の答《こた》えも、師と共《とも》に歩《あゆ》み、生《い》き抜《ぬ》く中で、そして後継《こうけい》の友を慈《いつく》しみ、育《はぐく》みゆく中で、強《つよ》く深《ふか》く会得《えとく》できた。

そして今、私と同じ心で、従藍而青《じゅうらんにしょう》の若人《わこうど》を守り育ててくださる不二《ふに》の同志が、日本中、世界中にいる。

現在の未来部員は、学会創立《そうりつ》百周年の二〇三〇年、そして二十二世紀から遥《はる》かその先へと、世界広布の万代《ばんだい》の流れを決定づける「令法久住《りょうぼうくじゅう》」の正《せい》義《ぎ》の走者《そうしゃ》だ。

「艱難《かんなん》に勝《まさ》る教育なし」

今の若き世代《せだい》に立ちはだかる困難《こんなん》の大きさは、即《そく》、「平和と人道《じんどう》の世紀」を開く使命《しめい》の大きさでもあろう。

だからこそ共々《ともども》に、久遠元初《くおんがんじょ》の大生命力《だいせいめいりょく》を満々《まんまん》と滾《たぎ》らせ、末法万年尽未来際《まっぽうまんねんじんみらいさい》へ――地涌《じゆ》の大星雲《だいせいうん》から創価の人材星《ぼし》を、歓喜踊躍《かんきゆやく》して、いよいよ明《あか》るく賑《にぎ》やかに輝《かがや》かせようではないか！

（1）ユーゴー著『レ・ミゼラブル1』豊島与志雄訳、岩波書店
（2）ユーゴー著「追放」神津道一訳、『ユーゴー全集9』所収、ユーゴー全集刊行会、参照
（3）Mahatma Gandhi, *The Collected Works of Mahatma Gandhi*, vol. 48 (New Delhi: Publications Division, Ministry of Information and Broadcasting, Government of India, 1971), p. 240.

賢者《けんじゃ》を育《はぐ》む創価教育

わが地域《ちいき》から世界市民の英知《えいち》の連帯《れんたい》を

二〇二二年十一月二十八日

命《いのち》には、命を生み、養《やしな》い、成就《じょうじゅ》させ、勝ち栄《さか》えさせゆく「生養成栄《しょうようじょうえい》」という本然《ほんねん》の〝教育力〟がある。

御本仏《ごほんぶつ》・日蓮大聖人は、森羅万象《しんらばんしょう》に脈打《みゃくう》つ、この慈悲《じひ》の力用《りきゆう》へ、深《ふか》く温かな眼差《まなざ》しを注《そそ》いでおられた。

「総勘文抄《そうかんもんしょう》」には、「秋になって月光《げっこう》の縁《えん》にあえば、草木《そうもく》は皆《みな》ことごとく実《み》が熟《じゅく》して、一切《いっさい》の有情《うじょう》を養育《よういく》し、その寿命《じゅみょう》を延《の》ばして長く養《やしな》い、ついに成仏《じょうぶつ》の徳用《とくゆう》を顕《あらわ》す」（新729ページ・全574ページ、通解）と仰《おお》せである。

「無心《むしん》の草木《そうもく》」ですら、そうである。いわんや人間は「善知識《ぜんちしき》の縁《えん》」を大切にして自他共《じたとも》に仏性《ぶっしょう》を顕《あらわ》していこうではないかと、呼《よ》び掛《か》けておられるのだ。

＊

晩秋《ばんしゅう》を迎《むか》え、東京・信濃町《しなのまち》の総本部から程《ほど》近い外苑《がいえん》のイチョウも美しく色《いろ》づき、金色《こんじき》に輝《かがや》いている。

私も、折々《おりおり》にそんな黄金《おうごん》の景色《けしき》をカメラに収《おさ》め、ゆかりの友に贈《おく》ってきた。

イチョウは、日本から帰国したドイツ人の医師ケンペルが紹介《しょうかい》して、欧《おう》州《しゅう》に知《し》れ渡《わた》った。生命《せいめい》の讃歌《さんか》の詩人《しじん》ゲーテも、イチョウを庭に植《う》えて詠《うた》っている。

「東洋からはるばると
わたしの庭にうつされたこのいちょうの葉は
賢《かしこ》い者のこころをよろこばせる
ふかい意味をもっているようです」(1)

春に生き生きと芽吹《めぶ》き、夏には鮮《あざ》やかな緑の葉が茂《しげ》り、秋は目映《まばゆ》い金色《こんじき》に光《ひか》って実《みの》りをもたらし、次世代《じせだい》へ命《いのち》をつなぐ。そして冬の深《ふか》まりとともに、葉は自《みずか》らの滋養《じよう》を枝に留《とど》めつつ舞《ま》い散《ち》り、巡《めぐ》り来る春に蘇生《そせい》の新芽《しんめ》が再《ふたた》び輝《かがや》き出すのだ。

〝永遠の生命《せいめい》〟を求めてやまなかったゲーテにとって、その春夏秋冬《しゅんかしゅうとう》のドラマは賢者《けんじゃ》の心を照《て》らす光彩《こうさい》となったに違いない。

真《しん》の賢者《けんじゃ》とは、誰《だれ》か――。それは、大宇宙を貫《つらぬ》く普遍《ふへん》の「生命《せいめい》の法則《ほうそく》」を真摯《しんし》に追究《ついきゅう》する人《ひと》であろう。

生命《せいめい》の真理《しんり》を説《と》き明《あ》かした妙法《みょうほう》を信受《しんじゅ》して、行学《ぎょうがく》の実践《じっせん》に励《はげ》む人は誰《だれ》も

東京

が「世界第一の賢者《けんじゃ》」となる。

今回、「教学部任用試験（仏法入門）」に挑戦《ちょうせん》された皆様《みなさま》は、この誇《ほこ》りに胸を張《は》っていただきたい。

任用試験でも学んだ御聖訓《ごせいくん》に、「夏と秋と、冬と春とのさかい《境》には、必《かなら》ず相違《そうい》することあり。凡夫《ぼんぷ》の仏《ほとけ》になる、またかくのごとし。必ず三障四魔《さんしょうしま》と申《もう》す障《さわ》りいでき《出》たれば、賢者《けんじゃ》はよろこび愚者《ぐしゃ》は退《しりぞ》く、これなり」（新1488ジペー・全1091ジペー）と仰《おお》せである。

我《われ》らは試練《しれん》の時こそ人間革命の好機《こうき》と、旧友《きゅうゆう》とも新《あら》たな友とも朗《ほが》らかに語らいながら、〝賢者《けんじゃ》の並木道《なみきみち》〟を喜《よろこ》び勇《いさ》んで闊歩《かっぽ》するのだ。

＊

学会は、一九三〇年（昭和五年）の十一月十八日、「創価教育学会」として産声《うぶごえ》を上《あ》げた。何《なに》より「教育」から出発したことは、我《われ》らの永遠の誉《ほま》れといってよい。

「全《すべ》ての子どもたちが幸福な人生を歩《あゆ》めるように」——この牧口常三郎《つねさぶろう》先生と戸田城聖《じょうせい》先生の願いと信念《しんねん》が、「創価教育学」に凝縮《ぎょうしゅく》されている。

世界恐慌《きょうこう》に社会が揺《ゆ》れ動く渦中《かちゅう》に、最《もっと》も苦《くる》しむ子どもたちに光《ひかり》を当て、その幸福こそを一切《いっさい》の原点《げんてん》、最第一とされたのだ。

激動《げきどう》の時代ゆえに、常《つね》に新鮮《しんせん》な知識《ちしき》を身《み》に付《つ》ける努力《どりょく》は当然《とうぜん》として、どんな困難《こんなん》にも怯《ひる》まず乗《の》り越《こ》えていく生命力《せいめいりょく》と知恵《ちえ》を培《つちか》うことが、ますます大切な幸福の要件《ようけん》となろう。ここに、創価教育の主眼《しゅがん》もある。

「現代人《げんだいじん》の大きな錯覚《さっかく》のひとつは、知識《ちしき》と知恵《ちえ》を混同《こんどう》していることだ」とは、戸田先生の卓見《たっけん》であった。

知識《ちしき》や情報《じょうほう》を「何《なん》のため」に、「誰《だれ》のため」に使うのか。いかに生かして価値《かち》を創造《そうぞう》していくのか。

現代にあって、両先生の悲願《ひがん》を継承《けいしょう》する創価の人材群《じんざいぐん》の貢献《こうけん》は、教育《きょういく》はもとより地域《ちいき》社会で、ケアや福祉《ふくし》活動等々、いやまして多角的《たかくてき》な広がりを見せている。

苦《くる》しんでいる人、虐《しいた》げられている人、社会に居場所《いばしょ》を見出《みいだ》せない人へ手を差《さ》し伸《の》べ、励《はげ》まし守っていく。自分だけではなく、他者《たしゃ》の幸せ、すなわち自他共《じたとも》の幸福に尽《つ》くしていく――こうした「共生《きょうせい》の社会」「平和の地球」を築《きず》きゆく知恵《ちえ》を磨《みが》き上《あ》げている人こそが、「真《しん》の幸福博士」なのだ。

アメリカの教育哲学者《てつがくしゃ》デューイも、「知識偏重《ちしきへんちょう》の教育」ではなく、「知恵《ちえ》の開発《かいはつ》」を重視《じゅうし》した。

その上で彼《かれ》は、「宗教的なもの」の重要性を訴《うった》えた。それは、人をよき目的に向かわせ、理想《りそう》と現実を結《むす》ぶ働きともいえる。時には、「行動を導《みちび》き、感情《かんじょう》に熱《ねつ》を与《あた》え、知性《ちせい》に光《ひかり》を加《くわ》え」、さらに知識《ちしき》等を求める万般《ばんぱん》の営《いとな》みに具《そな》わる価値《かち》を開花《かいか》させ、創造《そうぞう》するのだ。(2)

この点を、私もハーバード大学での二回目の講演の折《おり》に言及《げんきゅう》した。

よき宗教も、よき教育も、人間を「より強《つよ》く、より善《よ》く、より賢《かしこ》く」するためにある。だからこそ、「宗教のための人間」ではなくして「人間のための宗教」を、そして「社会のための教育」ではなくして「教育のための社会」を、私たちは志向《しこう》していくのである。

＊

私は、創価学園の創立《そうりつ》記念日を、一九六七年（昭和四十二年）十一月十八日と定《さだ》めた。以来《いらい》五十五年となる。

それは、私が欧州統合《おうしゅうとうごう》の父・クーデンホーフ＝カレルギー伯爵《はくしゃく》と対談《たいだん》し、世界の良識《りょうしき》との対話を本格的《ほんかくてき》に始めた秋であった。この三年後、わが学園で、伯爵が記念講演《こうえん》をしてくださったことも懐《なつ》かしい。

本年が開校《かいこう》五十年目となる関西創価学園の誕生《たんじょう》も、私がイギリスの大《だい》歴史学者《れきしがくしゃ》トインビー博士と、二十一世紀を展望《てんぼう》する対談《たいだん》を進めていた時である。

〝道は私が開く。諸君《しょくん》は思う存分《ぞんぶん》、学べ！　徹底《てってい》して学べ！　そして世界の未来を、地球の平和を頼《たの》む！〟――対話《たいわ》を重ねる私の胸《むね》には、創価の平和・文化・教育の後事を託《たく》す学園生たちの顔が浮《う》かんでいた。

創価の学舎《がくしゃ》は今、日本の東西創価学園、札幌《さっぽろ》の幼稚園、創価大学・創価女子短期大学、そしてアメリカ創価大学と、世界に広がった。香港《ホンコン》、シンガポール、マレーシア、韓国に幼稚園、ブラジルには創価学園が光《ひか》る。

また〝姉妹校《しまいこう》〟のインドの創価池田女子大学も多彩《たさい》な人材を送り出されている。

いよいよ明年には、マレーシアに中高一貫の創価インターナショナルスクールも開校《かいこう》される予定だ。

「世界中の子どもたちの幸福」を願われた牧口先生と戸田先生の喜《よろこ》びは、いかばかりであろうか。

牧口先生は、「従藍而青《じゅうらんにしょう》」の前進を、創価教育の特色《とくしょく》とされていた。

その意味で、『創価教育学体系』が発刊《はっかん》された十一月十八日を、創価学園が「英知《えいち》の日」と定《さだ》め、学園生が「藍《あい》より青く」成長の節《ふし》を刻《きざ》んでいることが頼《たの》もしい。今年も記念の行事が、東西の学園、札幌《さっぽろ》の幼稚園で朗《ほが》らかに開催《かいさい》された。

〝英知《えいち》を磨《みが》くは何《なん》のため〟と常《つね》に問《と》い続《つづ》け、挑戦《ちょうせん》し続ける負《ま》けじ魂《だましい》ありてこそ、創価教育の真価《しんか》は、未来永劫《えいごう》に輝《かがや》きを増《ま》すのだ。

＊

この創価教育の精神《せいしん》を、使命の現場《げんば》で体現《たいげん》しているのが、教育本部の先生方《がた》だ。今秋《こんしゅう》、各地で伝統《でんとう》の実践報告《じっせんほうこく》大会が行《おこな》われた。岡山での全国大会では、子どもの幸福に尽《つ》くす教育実践に、来賓《らいひん》の方々《かたがた》から賞讃《しょうさん》の声が寄《よ》せられ、感謝に堪《た》えない。

先生方《がた》は地域《ちいき》でも、「家庭教育懇談会《こんだんかい》」を行《おこな》い、未来部担当者の方々《かたがた》と一緒《いっしょ》に、子育て世代《せだい》に安心と共感《きょうかん》を広げて、子と親が共《とも》に育つ〝共育《きょういく》の知《ち》恵《え》〟を分《わ》かち合《あ》われている。地域と社会の〝教育力〟向上《こうじょう》に貢献《こうけん》する、地《じ》道《みち》にして偉大《いだい》な取り組みと、労《ねぎら》い讃《たた》えたい。

先月、創価大学で行われた第一回「世界市民教育シンポジウム」で、デューイ研究《けんきゅう》の大家《たいか》ジム・ガリソン博士は語られた。

「世界市民の育成《いくせい》は、日常生活の中で行《おこな》われるべきです。私たちは、家庭や地域《ちいき》社会で善良《ぜんりょう》な市民であることを学ぶことによって、善良な世界市民としての習慣《しゅうかん》を身に付けることができるのです」

〝よき市民たらん〟との信念《しんねん》を胸に、日々《ひび》の生活の中で地域《ちいき》へ社会へ飛《と》び込《こ》んでいく創価の連帯《れんたい》にこそ、時代が求める「世界市民教育」の力《ちから》が横《おう》溢《いっ》している。その確信《かくしん》と自負《じふ》を忘れまい。

＊

来月には、若き世界市民たる男女学生部が全国大会を開催《かいさい》する。私も大成功を祈《いの》り見守っている。

法華経の最終章で、釈尊《しゃくそん》が普賢菩薩《ふげんぼさつ》に語った最後の一言は、「当起遠迎《とうきおんごう》、当如敬仏《とうにょきょうぶつ》（当《まさ》に起《た》って遠く迎《むか》うべきこと、当に仏を敬《うやま》うが如《ごと》くすべし）」（法華経677ﾍﾟｰｼﾞ）であった。

大聖人は「御義口伝《おんぎくでん》」で、この経文《きょうもん》を「最上《さいじょう》第一の相伝《そうでん》」と明言《めいげん》された（新1086ﾍﾟｰｼﾞ・全781ﾍﾟｰｼﾞ）。法華経の生命尊厳《せいめいそんげん》・人間尊敬《そんけい》の精神《せいしん》を体《たい》し、民衆《みんしゅう》を侮蔑《ぶべつ》し軽賤《きょうせん》する増上慢《ぞうじょうまん》とは対峙《たいじ》し、妙法の実践者《じっせんしゃ》を厳護《げんご》する――真《しん》に〝普《あまね》く賢《かしこ》い〟英知《えいち》の発露《はつろ》が、ここにあろう。

大聖人は佐渡流罪《さどるざい》の大難《だいなん》の中、悠然《ゆうぜん》と仰《おお》せられた。

「生涯《しょうがい》、本《もと》より思い切り了《お》わんぬ。今に翻反《ひるがえ》ること無《な》く、その上また遺《い》

恨《こん》無し。諸《もろもろ》の悪人はまた善知識《ぜんちしき》なり」（新1292ジペー・全962ジペー）

この御聖訓通《ごせいくんどお》り、我《われ》らは邪宗門《じゃしゅうもん》の忘恩非道《ぼうおんひどう》をも世界宗教の飛翔《ひしょう》の力《ちから》に転《てん》じ、太陽の民衆《みんしゅう》仏法の大光《たいこう》を、地球民族へ贈《おく》り続《つづ》けてきた。

この「魂《たましい》の独立《どくりつ》」の気概《きがい》を、若き創価の普賢菩薩《ふげんぼさつ》は、尊《とうと》き父母《ちちはは》たちから厳然《げんぜん》と受け継いでいくのだ。

＊

全《すべ》ての生命《せいめい》に具《そな》わる「幸福の価値《かち》を創造《そうぞう》する力《ちから》」を引き出し、成就《じょうじゅ》させること——この大理想《だいりそう》を実現《じつげん》するために、創価教育はある。

創価三代の師弟《してい》を貫《つらぬ》く夢《ゆめ》を、「わが夢」「わが誓《ちか》い」として共《とも》に進む全《すべ》ての不二《ふに》の同志へ深謝《しんしゃ》は尽《つ》きない。

教育こそ、人間を幸福にする知恵《ちえ》の源泉《げんせん》である。

教育こそ、社会を繁栄《はんえい》させる創造《そうぞう》の広場《ひろば》である。

教育こそ、世界を平和に結《むす》ぶ共生《きょうせい》の大海原《おおうなばら》である。

ゆえに、偉大《いだい》なる創価の教育力《りょく》を限《かぎ》りなく！　そう先師《せんし》・恩師《おんし》に誓《ちか》いを捧《ささ》げる「創立の月」である。

（1）ゲーテ著「銀杏の葉」手塚富雄訳、『世界の詩集1　ゲーテ詩集』所収、角川書店
（2）魚津郁夫編『世界の思想家20　デューイ』平凡社を引用・参照

負《ま》けじ魂《だましい》のバトンを君《きみ》に

今日《きょう》も仏の仕事を続《つづ》けよう

二〇二二年六月三十日

今日《きょう》六月三十日は、若《わか》き普賢菩薩《ふげんぼさつ》の陣列《じんれつ》たる学生部の結成《けっせい》六十五周年の記念日である。今年は、私が学生部に行《おこな》った「御義口伝《おんぎくでん》」講義《こうぎ》から六十年ともなる。

真剣《しんけん》に研鑽《けんさん》した愛弟子《まなでし》たちと、御書に仰《おお》せのごとく「同じしらが《白髪》」（新1838ページ・全1509ページ）になるまで、師弟《してい》して共《とも》に戦《たたか》えることは、この上ない喜《よろこ》びである。

皆、生々《しょうじょう》世々の友である。

ある日の講義《こうぎ》の折《おり》、「楽天的《らくてんてき》であることは、指導者《しどうしゃ》の要件《ようけん》でしょうか?」という質問が上がった。学生部らしい問《と》いである。

私は言った。

――わが一念《いちねん》に、戦いを絶対《ぜったい》に勝ち抜《ぬ》くという用心《ようじん》と気概《きがい》がなくてはならない。それがない楽観主義《らっかんしゅぎ》では、民衆《みんしゅう》の心を真《しん》に考えていない指導者《しどうしゃ》となる。

例《たと》えば、自身が悪口を言われ、難《なん》を受けた。それでも広宣流布《こうせんるふ》のため、人びとの幸福勝利《しょうり》のために、微笑《ほほえ》みながら、凜然《りんぜん》と進む。それが真《しん》の楽観《らっかん》主義《しゅぎ》だ、と。

今、学《まな》びに学んで、労苦《ろうく》を厭《いと》わず民衆《みんしゅう》の大地に飛《と》び込《こ》み、平和のため、未来のために金の汗《あせ》を流す従藍而青《じゅうらんにしょう》の男女学生部が、どれほど人類の希望となり、英明《えいめい》な大指導者《だいしどうしゃ》と育ちゆくか。私は楽《たの》しみでならない。

＊

我《われ》らの勇気の行進《こうしん》は、妙法《みょうほう》で結《むす》ばれた世界中の宝友《ほうゆう》の祈《いの》りと、いつも共《とも》にある。

先日も、イタリア婦人部の皆さんが、日本の女性部へエールを込《こ》めて、素晴《すば》らしい愛唱歌《あいしょうか》「平和の使者」の動画を送ってくれた。

「心を合わせよう
声を合わせよう
波を起こしていこう
平和と幸福の波を」と。

思えば、三十年前（一九九二年）の六月、ルネサンスの都《みやこ》フィレンツェを訪問中《ほうもんちゅう》、女性メンバーたちの凜々《りり》しき決意の冊子《さっし》に、私は感謝を込《こ》めて書き記《しる》した。

「負けない人　その人は勝った人
唱題《しょうだい》の人　その人は幸《さち》の永遠の人
広布《こうふ》に生きる人　その人は三世《さんぜ》の長者《ちょうじゃ》の人」

時代の試練《しれん》にも、負《ま》けじ魂《だましい》朗《ほが》らかに、イタリアの天地《てんち》に躍動《やくどう》する同志の歌声と笑顔《えがお》は、何《なん》と崇高《すうこう》なことか！

日蓮大聖人は、弘安《こうあん》元年（一二七八年）の七月三日、妙法尼御前《みょうほうあまごぜん》に仰《おお》せられた。

「この法華経には、我《われ》らが身をば法身如来《ほっしんにょらい》、我らが心をば報身《ほうしん》如来、我らがふるまい《振舞》をば応身《おうじん》如来と説《と》かれて候《そうら》えば、この経《きょう》の一句一偈《いっくいちげ》を持《たも》ち信ずる人は、皆《みな》この功徳《くどく》をそなえ《具》候《そうろう》」（新２０９８ページ・全１４０２ページ）

まさしく今、創価の女性たちは、尊《とうと》き心身《しんしん》に仏の大生命力《だいせいめいりょく》を漲《みなぎ》らせ、人間尊敬《そんけい》の振《ふ》る舞《ま》いで、平和と幸福の波を起《お》こしている。

人生円熟《えんじゅく》の輝《かがや》きを放《はな》つ、多宝《たほう》の母たちをはじめ、大切な一人《ひとり》ひとりの無事安穏《あんのん》と健康長寿、福徳無量《ふくとくむりょう》と所願成就《しょがんじょうじゅ》を祈《いの》り、私と妻は題目を送り続《つづ》ける日々である。猛暑《もうしょ》の中、体調には、くれぐれも気をつけていただきたい。

*

今年も、「立正安国《りっしょうあんこく》の月」にして「師弟《してい》の月」「青年の月」、そして「関西の月」である七月が巡《めぐ》り来る。

わが師《し》・戸田城聖《じょうせい》先生は、一九四五年（昭和二十年）の七月三日、軍部《ぐんぶ》政府《せいふ》による二年間の弾圧《だんあつ》を耐《た》え抜《ぬ》き、生きて出獄《しゅつごく》された。

先生に私が初めてお目にかかったのは、その二年後（一九四七年）のことである。先生は座談会《ざだんかい》で「立正安国論《りっしょうあんこくろん》」を講義《こうぎ》され、呼《よ》び掛《か》けておられた。

「私は、この世《よ》から一切《いっさい》の不幸と悲惨《ひさん》をなくしたい。これを広宣流布《こうせんるふ》という。どうだ、一緒《いっしょ》にやるか！」

この師弟《してい》の共戦《きょうせん》を誓願《せいがん》し、「人間革命」即《そく》「立正安国《りっしょうあんこく》」の平和運動に身を投《とう》じて、七十五星霜《せいそう》となる。

私が事実無根《じじつむこん》の罪《つみ》により、大阪の地で投獄《とうごく》されたのは、先生との出会いから十年後（一九五七年）の七月三日である。

「もし恩《おん》を知《し》り心有《あ》る人々は、二つ当《あ》たらん杖《つえ》には一つは替《か》わるべきことぞかし」（新2084ページ・全1450ページ）との御金言《ごきんげん》を体《たい》し、師弟不二《していふに》の信心で、一切を変毒為薬《へんどくいやく》した難《なん》であった。

〝大阪事件〟から十年、関西の久遠《くおん》の友と、この共戦譜《きょうせんふ》を振《ふ》り返《かえ》る機会《きかい》を得《え》た。

それは、一九六七年（昭和四十二年）の六月、関西本部幹部大会の折《おり》である。

＊

当時の大阪府立体育館に勇《いさ》み集《つど》った大阪、兵庫をはじめ全関西の同志と、私は語り合った。すなわち――

◎恩師《おんし》がどれほど関西を愛し、東京と両眼《りょうがん》、両肺《りょうはい》のごとく大事にされていたか。

◎一九五六年（昭和三十一年）、異体同心《いたいどうしん》の団結を合言葉に皆《みな》が一丸《いちがん》となり、弘教《ぐきょう》の金字塔《きんじとう》を打《う》ち立てる中で、世間《せけん》をアッと驚《おどろ》かせる大勝利《だいしょうり》を飾《かざ》ったこと。

◎翌年、〝大阪事件《じけん》〟が起《お》き、約二週間の勾留中《こうりゅうちゅう》、戸田先生には断《だん》じて累《るい》が及《およ》ばぬように盾《たて》となり、そして私が出獄《しゅつごく》した七月十七日に、中之島《なかのしま》の中央公会堂で正しい仏法の勝利《しょうり》を宣言《せんげん》する大阪大会が開かれたこと。

◎四年半に及《およ》ぶ法廷闘争《ほうていとうそう》を貫《つらぬ》き、一九六二年（昭和三十七年）一月、無罪《むざい》判決《はんけつ》を勝ち取り、満天下《まんてんか》に正義《せいぎ》を示《しめ》したこと――等々。

〝常勝《じょうしょう》関西〟の底力《そこぢから》と戦いと伝統《でんとう》よ、永遠なれ！　と、不屈《ふくつ》の負《ま》けじ魂《だましい》の

兵庫

バトンを託《たく》す語らいであった。

「この関西の地より病人《びょうにん》と貧乏人《びんぼうにん》をなくしたい」との恩師《おんし》の悲願《ひがん》を伝《つた》えつつ、私は断言《だんげん》した。

「誰《だれ》が何《なん》と言おうが、信心を貫《つらぬ》き通《とお》した人が、真実の幸福と、真実の勝《しょう》利《り》とを満喫《まんきつ》し、所願満足《しょがんまんぞく》の人生を生き切っていけることは、絶対《ぜったい》に間違《まちが》いない！」

そして私と関西の友は、「日蓮、一度もしりぞ《退》く心なし」（新1635ページ・全1224ページ）との仰《おお》せのままに、追撃《ついげき》の手をゆるめることなく邪悪《じゃあく》と戦い、断固《だんこ》前進しようと誓《ちか》い合ったのだ。

＊

「常勝《じょうしょう》関西たれ」とのモットーを確認《かくにん》し合ったのも、この大会であった。

この年、私は年頭《ねんとう》に兵庫、大阪を訪《おとず》れて以来《いらい》、猛然《もうぜん》と全国の友のもとへ走《はし》った。七月半《なか》ばまでの訪問先《ほうもんさき》は、東京各地、埼玉をはじめ、二十六都道府県に及《およ》んだ。また関西には四度、神奈川に三度、愛知は四度、福岡へ三度と、足を運《はこ》びもした。

関西とともに——

「全国の模範《もはん》・東京たれ」

「常に先駆《せんく》の九州たれ」

「広布《こうふ》の堅塁《けんるい》・中部たれ」

「人材の牙城《がじょう》・東北たれ」など、各地にモットーを贈《おく》ったのも、この年である。そして今や、日本全国で、

「三代城《さんだいじょう》の北海道」

「敢闘精神《かんとうせいしん》の関東」

「正義《せいぎ》の太陽・東海道」

「師弟《してい》の信越《しんえつ》」

「誓願《せいがん》の北陸」

「轟《とどろ》く歓喜《かんき》の中国」

「志《こころざし》の天地《てんち》・四国」

「広布《こうふ》の先進地帯《せんしんちたい》・沖縄」と、全方面が桜梅桃李《おうばいとうり》の持《も》ち味《あじ》を生かしながら、「水魚《すいぎょ》の思いを成《な》して」（新1775ページ・全1337ページ）、創価の凱歌《がいか》へ共《きょう》進《しん》しているのだ。

＊

モットーといえば、半世紀前、イギリスの歴史家《れきしか》トインビー博士をお訪《たず》ねし、始まった対話の中で、博士の座右《ざゆう》の銘《めい》を伺《うかが》った。

すると、八十三歳の碩学《せきがく》は、即座《そくざ》に「ラボレムス」とのラテン語を挙《あ》げられ、「さあ、仕事を続《つづ》けよう」という意味です、と教えてくださったのである。

帰国後、この珠玉《しゅぎょく》のモットーを、真《ま》っ先《さき》に伝《つた》えて、分かち合ったのは、わが戦友《せんゆう》である壮年部であった。

意気《いき》、天《てん》を衝《つ》く夏季講習会でのことである。

「さあ、今日《きょう》も戦おう！」

「さあ、我《われ》らの仏の仕事を続《つづ》けよう！」

〝生涯《しょうがい》青年〟の気迫《きはく》で、健康を大切にしながら、はつらつとした生命《せいめい》の息吹《いぶき》を湛《たた》えゆく賢者《けんじゃ》の人生を、と約《やく》し合ったことが懐《なつ》かしい。

トインビー博士は、ある時、後輩《こうはい》たちに「次の仕事にとりかかる適切《てきせつ》な時は、明日でもなければ来週でもない。今すぐなのである」(1)ともアドバイスされている。

そして、アメリカの慣用語《かんようご》を添《そ》えられた。

「r・i・g・h・t　n・o・w《ライトナウ》」(1)――行動《こうどう》するのは、「今」がまさにその時なのだ。

「創価の四条金吾《しじょうきんご》」たる、我《われ》ら黄金柱《おうごんばしら》の壮年部の心意気《こころいき》にほかならない。

＊

大聖人が文応《ぶんおう》元年（一二六〇年）の七月十六日、国主《こくしゅ》を諫暁《かんぎょう》された「立《りっ》正安国論《しょうあんこくろん》」は、問答《もんどう》の最初《さいしょ》に主人《しゅじん》が「しばしば談話《だんわ》を致《いた》さん」（新25ジペー・全17ジペー）と語り掛《か》け、最後は客《きゃく》が正義《せいぎ》の対話を誓《ちか》う言葉で結《むす》ばれる。

「国のため、法のため、人のために」（新49ジペー・全35ジペー）——生命尊厳《せいめいそんげん》の哲《てつ》理《り》を語らずにはいられない。仏法中道《ちゅうどう》の智慧《ちえ》と慈悲《じひ》の精神《せいしん》を、一人《ひとり》でも多くの人に知《し》らしめたい。民衆《みんしゅう》に奉仕《ほうし》する正しき信念《しんねん》の人材を、社会に送り出したい。このやむにやまれぬ大情熱《だいじょうねつ》こそ、我《われ》らの挑戦《ちょうせん》の原動力《げんどうりょく》である。

男子部、女子部（華陽姉妹《かようしまい》）が結成《けっせい》された、誉《ほま》れの「青年の七月」へ、地涌誓願《じゆせいがん》の一人《ひとり》ひとりが、勇敢《ゆうかん》に快活《かいかつ》に勇舞《ゆうまい》を広げている。

ある時は若者世代《せだい》が抱《かか》える課題《かだい》や社会の難題《なんだい》を語り合い、ある時は友の悩《なや》みに耳《みみ》を傾《かたむ》け涙《なみだ》し、ある時は心の握手《あくしゅ》を固《かた》く交《か》わして共《とも》に立ち上がるのだ。これほど尊貴《そんき》な青春讃歌《さんか》はない。

妙法尼御前《みょうほうあまごぜん》への仰《おお》せには「百千万年くらき《暗》所にも灯《ともしび》を入《い》れぬればあかく《明》なる」（新２１００ページ・全１４０３ページ）とも示《しめ》されている。

深《ふか》い闇《やみ》に覆《おお》われた世界は、太陽の仏法の叡智《えいち》の光明《こうみょう》を渇望《かつぼう》してやまない。

頼《たの》もしき後継《こうけい》の青年群を先頭《せんとう》に、我《われ》ら創価家族の友情《ゆうじょう》と信頼《しんらい》、共感《きょうかん》と触発《しょくはつ》、そして開拓《かいたく》と連帯《れんたい》で、縁《えん》する友の心に光《ひかり》を送ろう！

そして、「天晴《てんは》れぬれば地明《ちあき》らかなり」（新１４６ページ・全２５４ページ）と、国土《こくど》を照《て》らし、希望の未来を明るく創《つく》り開こうではないか！

（1）トインビー著『回想録Ⅰ』山口光朔・増田英夫訳、オックスフォード大学出版局

師弟共戦《していきょうせん》の旅《たび》を永遠に

我《われ》らは師子王《ししおう》の心　柔和忍辱《にゅうわにんにく》の心で勝つ

二〇二二年四月二十九日

わが師《し》・戸田城聖《じょうせい》先生が宝《たから》とし、誇《ほこ》りとされていたものがある。

それは、創価の母たち女性たちの「福運《ふくうん》ある笑顔《えがお》」であり、「清々《すがすが》しい慈愛《じあい》の声」である。

意地悪《いじわる》な表情や陰険《いんけん》な悪口《わるくち》が渦巻《うずま》く世相《せそう》にあって、学会の女性たちのこの笑顔《えがお》を見給《みたま》え、この声を聞き給えと、先生は胸を張《は》られた。

一九五一年（昭和二十六年）五月三日、会長に就任《しゅうにん》されるや、結成《けっせい》されたのが、婦人部と女子部である。

以来《いらい》七十星霜《せいそう》、時は満《み》ち、「女性部」が新出発する。

混迷《こんめい》の時代の闇《やみ》が深《ふか》いからこそ、「平等大慧《びょうどうだいえ》」の妙法《みょうほう》の光《ひかり》を赫々《かっかく》と放《はな》ちながら、「桜梅桃李《おうばいとうり》」という多彩《たさい》にして伸《の》びやかな微笑《ほほえ》みと励《はげ》ましの花園《はなぞの》を、いっそう明《あか》るく楽《たの》しく広げていってもらいたい。

＊

日蓮大聖人は、女性の門下《もんか》たちが支《ささ》え合《あ》い、励《はげ》まし合って信仰《しんこう》を貫《つらぬ》いている姿《すがた》を、心から讃《たた》えられた。

佐渡《さど》の地では、千日尼《せんにちあま》と国府尼《こうのあま》が「二人して」師《し》を求め、麗《うるわ》しい「同心《どうしん》」で多宝《たほう》の生命《せいめい》を輝《かがや》かせていた。

女性門下《もんか》の娘《むすめ》と思われる「ひめ御前《ごぜん》」の健《すこ》やかな成長《せいちょう》と幸福を深《ふか》く願われているお手紙もある。

御書の随所《ずいしょ》に、「必《かなら》ず幸せに！」と女性たちを包《つつ》みゆかれる御本仏《ごほんぶつ》の慈《じ》愛《あい》が拝《はい》されてならない。

今、小さなグループを大切にして御書根本《こんぽん》に学び合い、仲良《なかよ》く快活《かいかつ》に前進する創価の女性のスクラムは、大聖人のお心に連《つら》なる、「異体同心《いたいどうしん》」の模範《もはん》である。この尊《とうと》き草《くさ》の根《ね》の絆《きずな》から、地域《ちいき》に「希望の太陽」「幸福の太陽」「平和の太陽」が昇《のぼ》りゆくのだ。

＊

大聖人が法難《ほうなん》の中、書き送られた「佐渡御書《さどごしょ》」には、富木常忍《ときじょうにん》や四条金吾《しじょうきんご》らとともに、さじきの尼御前《あまごぜん》の名前を挙《あ》げられている。

さじきの尼御前《あまごぜん》は、あの「冬は必《かなら》ず春となる」（新1696ジペー・全1253ジペー）との御文《ごもん》を頂《いただ》いた妙一尼御前《みょういちあまごぜん》と同一人物《どういつじんぶつ》とも考えられる。

どんな迫害《はくがい》の冬に直面《ちょくめん》しようとも、この方々《かたがた》が健在《けんざい》であれば正義《せいぎ》は負《ま》けないと、大聖人が深《ふか》く信頼される団結の要《かなめ》の一人《ひとり》であったことは間違《まちが》いあるまい。

仏教史を顧《かえり》みれば、釈尊《しゃくそん》の時代から、多くの女性の弟子《でし》たちが誕生《たんじょう》し、その集《つど》いが生まれていた。

女性たちは、師《し》から〝善《よ》き友《とも》だちに親《した》しめ〟と励《はげ》まされ、「友と交《まじわ》るのを楽《たの》しむ者となれ」(1)をモットーとしていた。同志との幅広い交流《こうりゅう》・触発《しょくはつ》を大事にし、精進《しょうじん》していったのだ。

二十一世紀の世界広宣流布《こうせんるふ》も、「仏のごとく互《たが》いに敬《うやま》うべし」(新1989ページ・全1383ページ)との仰《おお》せ通《どお》りの、女性の大行進《だいこうしん》とともに、無限《むげん》の興隆《こうりゅう》を発展《はってん》を勝ち開いていくのである。

今秋《こんしゅう》、待望《たいぼう》の『日蓮大聖人御書全集　新版《しんぱん》』が発刊《はっかん》の運《はこ》びとなった。新収録《しんしゅうろく》の御書は三十二編《へん》に上《のぼ》る。また他《ほか》にも、これまでの御書に、新《あら》たに御文《ごもん》を加《くわ》えたものもある。

その中に、女性門下《もんか》に送られた「衣食《えじき》御書」の後ろに、今回、合《がっ》して収《おさ》められた味《あじ》わい深《ぶか》い一節《いっせつ》がある。

「人のためによる《夜》火をとも《点》せば、人のあかる《明》きのみならず、我《わ》が身《み》もあ《明》かし。されば、人のいろ《色》をませ《増》ば我がいろ《色》まし《増》、人の力《ちから》をませ《増》ば我がちか《力》らまさ《勝》り、人のいのち《命》をのぶ《延》れば我がいのち《命》ののぶ《延》なり」（新2150ページ）

人びとの前を照《て》らす、地域《ちいき》の光明《こうみょう》となる。人を励《はげ》まし、元気づけていく。そうすれば、同時に、わが前も明《あか》るくなる。自分も励まされ、力《ちから》づけられ、元気になると示《しめ》されているのだ。

まさに学会活動であり、創価の女性が「水のごとく」不退《ふたい》の信心で日々、実践《じっせん》している姿《すがた》そのものである。

*

ドイツ語版「御書」（第一巻）の監修《かんしゅう》を務《つと》めてくださったグリンツァー博

士は、大聖人が「不退《ふたい》の決意を強《つよ》く持った人」であったことに鋭《するど》く着目《ちゃくもく》しておられる。

さらに、大聖人は皆《みな》も不退《ふたい》になれるよう、「時代の危機《きき》を察知《さっち》する」「誤《あやま》った教えに惑《まど》わされない」等を指南《しなん》した、といわれていた。

そして今、人類の平和と繁栄《はんえい》が脅《おびや》かされる「危機《きき》の時代」にあって、大聖人が示《しめ》された「楽観主義《らっかんしゅぎ》」「希望を持つこと」「仏性《ぶっしょう》の顕現《けんげん》によって宿命《しゅくめい》を転換《てんかん》しうるという考え方」は、現代人の人生の助《たす》けとなり、新《あら》たな視野《しや》を開いてくれる――。

博士は、そう明晰《めいせき》に論《ろん》じられているのだ。

仏性《ぶっしょう》という自他共《じたとも》に具《そな》わる無限《むげん》の可能性《かのうせい》を信じ抜《ぬ》くがゆえに、いかなる状況《じょうきょう》にあっても、希望の未来を信じ、決して疑《うたが》わない。価値創造《かちそうぞう》の道を断《だん》じて諦《あきら》めない。

「創価」の哲学《てつがく》と行動は、ますます希求《ききゅう》されている。我《われ》らの地道《じみち》な実践《じっせん》が、地球社会の人道《じんどう》と共生《きょうせい》の明日を開いているとの誇《ほこ》りと確信《かくしん》をゆめゆめ忘《わす》れまい。

*

今回、新《あら》たに収録《しゅうろく》される一編《いっぺん》「河合殿御返事《かわいどのごへんじ》」は、お手紙の末尾《まつび》が残った御書である。その中にこう仰《おお》せだ。

「人にたまたまあ《会》わせ給《たも》うならば、む《向》かいく《臭》さきことなりとも、向かわせ給《たも》うべし。え《笑》まれぬことなりとも、えませ給《たま》え」（新1952ページ）

たまたま会ったという人の中には、苦手《にがて》だなと思うような人もいる。しかし、そういう人をも大きく賢《かしこ》く包容《ほうよう》していくように教えてくださっている。からっと笑《わら》って向き合っていけばいいんだよ、と。

大聖人御自身、猶多怨嫉《ゆたおんしつ》の濁世《じょくせ》で、誰《だれ》よりも多くの人に会ってきたと言われている。ゆえに、弟子《でし》たちの苦労《くろう》を全《すべ》て見通《みとお》され、いろいろ大変だろ

東京

うけれども、にこやかに朗《ほが》らかに仏縁《ぶつえん》を結《むす》んでいくよう励《はげ》まされていると拝《はい》される。

誠《まこと》に深《ふか》く、大らかな、人間学の真髄《しんずい》がここにある。

悪世末法《あくせまっぽう》にあって、現実に一人《ひとり》ひとりの衆生《しゅじょう》を救《すく》うには、法華経に説《と》かれる「柔和忍辱《にゅうわにんにく》の心」で誠実《せいじつ》に忍耐強《にんたいづよ》く、信念《しんねん》の対話を重ねていくしかない。

＊

今や全地球に広がった、創価の世界市民の聡明《そうめい》な笑顔《えがお》が日々、躍動《やくどう》しているのが、我《われ》らの聖教新聞だ。

創刊《そうかん》七十周年を晴《は》れ晴《ば》れと飾《かざ》り、戸田先生のお喜《よろこ》びはいかばかりであろうか。読者の皆様方《みなさまがた》をはじめ、支《ささ》えてくださっている全《すべ》ての方々《かたがた》に感謝《かんしゃ》は尽《つ》きない。

なかんずく、尊《とうと》き配達《はいたつ》の使命《しめい》を果《は》たしてくださっている「無冠《むかん》の友」の皆様《みなさま》の健康長寿と絶対《ぜったい》無事故を、さらに、さらに強盛《ごうじょう》に祈《いの》る日々である。

作家の山岡荘八《やまおかそうはち》先生が、聖教新聞に小説『高杉晋作《たかすぎしんさく》』を連載《れんさい》してくださったことも、懐《なつ》かしい。

山岡先生には、戦乱《せんらん》の時代に中国地方《ちほう》を一《ひと》つにまとめ上げた戦国《せんごく》の雄《ゆう》・毛利元就《もうりもとなり》を描《えが》いた作品《さくひん》もある。

本年、没後《ぼつご》四百五十年となる元就《もとなり》は、三人の子に託《たく》した「三本の矢《や》」をはじめ、多くの逸話《いつわ》が存在《そんざい》する。

広島県安芸高田市《あきたかたし》にある吉田郡山城跡《よしだこおりやまじょうあと》には、毛利家《もうりけ》ゆかりの「百万一心《ひゃくまんいっしん》」の石碑《せきひ》が厳《げん》として立っている。

石碑《せきひ》の「百万一心《ひゃくまんいっしん》」との文字は、「百」の字の一画《いっかく》を省《はぶ》いて「一日《いちにち》」、「万」の字は書《か》き崩《くず》して「一力《いちりき》」とし、全体が「一日　一力　一心」と読《よ》めるように刻《きざ》まれている。

すなわち、皆《みな》が日《ひ》を一にし、力《ちから》を一にし、心を一にし——時と力と心を一つに集中《しゅうちゅう》して挑《いど》めば、何事《なにごと》も成《な》し得《う》る、との訓言《くんげん》である。(2)

山岡《やまおか》先生の小説で、毛利元就《もうりもとなり》はこう語っている。

「百万一心《ひゃくまんいっしん》は横の団結じゃ。しかし、横の団結だけでは決して目的は達《たっ》せられぬ。これに、もう一つ、百代《ひゃくだい》一心という、永《なが》い時間をいとわぬ縦の団結が加わらねば、大事は成就《じょうじゅ》せぬものとわかったのだ」(3)と。

我《われ》ら創価学会には、「異体同心《いたいどうしん》」という横の団結とともに、大聖人に直《ちょっ》結《けっ》して三代を貫《つらぬ》く「師弟不二《していふに》」の大誓願《だいせいがん》がある。

まさに末法万年尽未来際《まっぽうまんねんじんみらいさい》への「永《なが》い時間をいとわぬ縦の団結」といってよい。

だからこそ、強《つよ》いのだ。

あの晴《は》れわたる七十年前の五月三日、戸田先生はご自身の写真を撮《と》られ、後日《ごじつ》、その一枚を私にくださった。裏《うら》には、先生の直筆《じきひつ》の和歌《わか》が認《したた》められていた。

現在も
　未来も共《とも》に
　　苦楽《くらく》をば
　分《わ》けあう縁《えにし》
　　不思議《ふしぎ》なるかな

この「古《いにしえ》の奇《く》しき縁《えにし》」の師弟《してい》の道《みち》を突《つ》き進む生命《せいめい》は、無窮《むきゅう》の力《ちから》を涌現《ゆげん》できる。

広宣流布《こうせんるふ》の途上《とじょう》で亡《な》くなられていった草創《そうそう》の父母《ちちはは》たちの功労《こうろう》も、心も抱《だ》きかかえて、我《われ》らは征《ゆ》くのだ。

そして今、世界中で、「新・人間革命」世代《せだい》の男女青年部が、ヤング白《しら》ゆり世代の友が、また全世代にわたる地涌《じゆ》の勇者《ゆうしゃ》が、新たな広布《こうふ》の勝利《しょうり》の歴史《れきし》を綴《つづ》らんと、価値創造《かちそうぞう》の理想《りそう》に燃《も》えて、新生《しんせい》の師弟共戦《していきょうせん》の旅《たび》を開始してくれている。

この時を選《えら》んで躍《おど》り出《で》てくれた「正義《せいぎ》の走者《そうしゃ》」たる未来部の成長《せいちょう》も目を瞠《みは》る。

＊

大聖人は師子《しし》吼《く》された。

「願《ねが》わくは、我《わ》が弟子《でし》等《ら》、師子王《ししおう》の子となりて、群狐《ぐんこ》に笑わるることなかれ」（新2048ﾍﾟｰｼﾞ・全1589ﾍﾟｰｼﾞ）

師子《しし》は強《つよ》い。

師子《しし》は負けない。

そして師子《しし》は必《かなら》ず勝つ！

さあ、創価の師弟《してい》の魂《たましい》を燃《も》やす五月三日！

師子王《ししおう》の心を共《とも》に光《ひか》らせ、未来へ出発しよう！

立正安国《りっしょうあんこく》、立正安世界へ、永遠の師弟《してい》の旅路《たびじ》を、三世《さんぜ》の縁《えにし》で結《むす》ばれた世界の宝友《ほうゆう》と共々《ともども》に、誇《ほこ》らかに進んでいこうではないか！

「前へ！　前へ！」と。

（1）『尼僧の告白　テーリーガーター』中村元訳、岩波書店
（2）郡山城史跡ガイド協会監修『ガイドブック　毛利元就』安芸高田市観光協会等を参照
（3）山岡荘八著『山岡荘八全集23　毛利元就』講談社

青年こそ未来なり

若き世界市民の連帯《れんたい》で地球を結《むす》べ

二〇一八年十一月五日

「男子部の日」「女子部の日」を刻《きざ》む栄光の月を、晴《は》れ晴《ば》れと勝ち飾《かざ》りゆく創価の青年部の皆《みな》さん、おめでとう！

今も鮮《あざ》やかに思い出す秋の日の光景《こうけい》がある。

一九九〇年（平成二年）――〝獄窓《ごくそう》一万日〟に及《およ》ぶ獄中闘争《ごくちゅうとうそう》を勝ち越《こ》えた人権《じんけん》の巌窟王《がんくつおう》、南アフリカのマンデラ氏を、わが宝《たから》の青年たちと共《とも》に、信濃町《しなのまち》で熱烈《ねつれつ》に歓迎《かんげい》した。

爽《さわ》やかな陽光《ようこう》のもと、車から降《お》り立ったマンデラ氏を握手《あくしゅ》で迎《むか》えると、男女五百人の青年たちの「ビバ！　マンデラ！」の歓声《かんせい》が包《つつ》んだ。

さらに創価大学パン・アフリカン友好会《ゆうこうかい》の友が「ロリシャシャ・マンデラよ……」と、氏の名前を呼《よ》びかける民衆《みんしゅう》の愛唱歌《あいしょうか》を歌い上げると、満面《まんめん》の笑《え》みで応《こた》えられた。

*

五年後、新生《しんせい》・南アの大統領《だいとうりょう》として来日されたマンデラ氏と再会《さいかい》した時、開口《かいこう》一番で話題《わだい》にされたのは、最初《さいしょ》の出会いの思い出であった。

「あの青空。あの素晴《すば》らしい歓迎《かんげい》。たくさんの青年が迎《むか》えてくれました。私は元気になりました。創価大学の学生さんが歌ってくれた光景《こうけい》も、忘れられません」と。

マンデラ氏は、創価の青年との出会いを、ことのほか大事にしてくださっていたのである。

青年の力《ちから》は計《はか》り知《し》れない。恐《おそ》れなきバイタリティー、挑戦《ちょうせん》と進取《しんしゅ》の勇気、未来を見つめる凛々《りり》しき瞳《ひとみ》……それだけで、青年は、いかなる大富豪《だいふごう》よりも「富《と》める者《もの》」である。

マンデラ氏との会見《かいけん》の最大《さいだい》のテーマは、何《なん》であったか。それは「教育《きょういく》」であり、「後継《こうけい》」ということであった。

「一本の高い樹《き》だけではジャングルはできない。他の多くの木々が同じような高さまで伸びて、大きな森の茂《しげ》みができあがる」。こう私が申《もう》し上《あ》げると、マンデラ氏は深《ふか》く頷《うなず》かれていた。

最晩年《さいばんねん》、マンデラ氏は東日本大震災《だいしんさい》に心を痛《いた》め、復興《ふっこう》を祈《いの》ってくださった。その中で私にも一詩《いっし》を贈《おく》っていただいた。

そこには、「お互《たが》い歳《とし》を重ねましたが、それでも、私たちは共《とも》に世界と一体《いったい》です」との心情《しんじょう》が綴《つづ》られていた。

私が返詩《へんし》に「世界を蘇《よみがえ》らせゆく若《わか》き森が育ち、広がりゆく姿《すがた》ほど大いな

南アフリカの人権の巌窟王《がんくつおう》マンデラ氏を、青年たちと共に歓迎（1990年、東京）

る喜びはありません」と込《こ》めてお伝《つた》えすると、大変に喜《よろこ》んでくださった。

今年は、マンデラ氏の生誕《せいたん》百周年でもあった。アフリカをはじめ全地球規模《きぼ》で、希望の大森林の如《ごと》く広がる創価の若《わか》き世界市民の希望の連帯《れんたい》を、あの笑顔《えがお》で見守《みまも》ってくださっていると確信《かくしん》する。

＊

六十五年前（一九五三年）の十一月、学会本部は、東京・西神田から、信濃町《しなのまち》に移《うつ》った。

移転《いてん》後《ご》まもなく迎《むか》えた牧口先生の十回忌《き》法要《ほうよう》において、戸田先生は烈々《れつれつ》と師子吼《ししく》された。

――私は弟子《でし》として、牧口先生の大哲学《だいてつがく》を世界に認《みと》めさせる！　価値《かち》論《ろん》を世界的哲学《てつがく》として認めさせるまで戦う。もしも私の代《だい》でできなければ、戸田門下《もんか》の君らがやってもらいたい、と。

創価の哲学《てつがく》を世界へ！　これが信濃町《しなのまち》の本部での最初《さいしょ》の宣言《せんげん》であった。

師《し》の「誓願《せいがん》」の通《とお》り、創価の哲学《てつがく》は日本の海岸線《かいがんせん》を悠々《ゆうゆう》と越《こ》え出《い》でた。

日蓮大聖人の「太陽の仏法《ぶっぽう》」は、今や、世界百九十二カ国・地域《ちいき》へと広がり、人類に希望の光《ひかり》、幸福の光、平和の光を送り続《つづ》けている。

この世界広布《こうふ》新時代の地平《ちへい》を開いてくださったのは、他《ほか》の誰《だれ》でもない。草創《そうそう》の時代から今日《こんにち》に至《いた》るまで、御本仏《ごほんぶつ》の御遺命《ごゆいめい》のままに広宣流布《こうせんるふ》に走《はし》り抜《ぬ》いてきた、各国、各地の学会員である。庶民《しょみん》の父たち母たちである。

今の栄光の時代に生きる青年たちは、どうか、この大恩《だいおん》を忘《わす》れないでもらいたい。そして後継《こうけい》の炎《ほのお》のバトンを握《にぎ》り、さらに新しい時代を創《つく》っていってほしいのだ。

青年らしく、学会っ子らしく！

＊

共々《ともども》に「広布《こうふ》の黎明《れいめい》の聖鐘《かね》を打《う》とう」――これは、中国方面の〝山口開《かい》拓指導《たくしどう》〟に駆《か》ける中、共戦《きょうせん》の友に贈《おく》った言葉である。

この決心《けっしん》で私が一切《いっさい》の指揮《しき》を執《と》り、一九五六年十月から翌年《よくねん》一月まで、一波《いっぱ》、二波《は》、そして第三波《ぱ》と広布拡大《こうふかくだい》に走《はし》った。

この〝山口闘争《とうそう》〟には、誇《ほこ》りと決意をもって志願《しがん》し、全国の同志が馳《は》せ参《さん》じてくださった。東京から、北海道や東北など北国《きたぐに》から、神奈川や埼玉、愛知から！　また福岡や四国から、大阪、兵庫をはじめ全関西から！　恩《おん》師《し》の願業《がんぎょう》たる七十五万世帯の達成《たっせい》へ、私と共《とも》に戦った一人《ひとり》ひとりが、第一級の広宣流布《こうせんるふ》の闘士《とうし》と輝《かがや》きを放《はな》っていったのだ。

〝山口闘争《とうそう》〟の第二波《は》の渦中《かちゅう》、私は萩《はぎ》の松下村塾《しょうかそんじゅく》を訪《おとず》れた。牧口先生と戸田先生も敬愛《けいあい》されていた明治維新《めいじいしん》の先覚者《せんかくしゃ》・吉田松陰《よしだしょういん》が、新時代の人材を育てた揺籃《ようらん》である。

松陰《しょういん》いわく、「志《こころざし》ある人物《じんぶつ》は必ず志を同じじゅうする友があり、師を同じゆうする朋《とも》がある」(1)と。

若《わか》くして人生の師《し》を持《も》ち、広宣流布《こうせんるふ》という最《もっと》も偉大《いだい》な志《こころざし》を分《わ》かち合《あ》える朋友《ほうゆう》を持つ──これが、どれほど幸せなことか。

戸田先生が松陰《しょういん》を語られる際《さい》には、その弟子《でし》、ことに高杉晋作《たかすぎしんさく》と久坂玄瑞《くさかげんずい》という若《わか》き双璧《そうへき》に、鋭《するど》い眼《まなこ》を注《そそ》がれるのが常《つね》であった。先生は、大きな社会変革《へんかく》の中核《ちゅうかく》には、必ず魂《たましい》の結合《けつごう》から生まれる青年の熱《ねつ》と力《ちから》があることを確信《かくしん》しておられた。

この方程式《ほうていしき》は、歴史《れきし》の〝黄金則《おうごんそく》〟であり、その通《とお》りに今、世界広布新時代《こうふしんじ》の夜明《よあ》けを告《つ》げる鐘《かね》が鳴《な》り響《ひび》いているのだ。

＊

この八月には、シンガポール創価学会の「青年の祭典《さいてん》」が開催《かいさい》され、一万数千人の若人《わこうど》が歓喜躍動《かんきやくどう》した。インドやタイ、マレーシアなど南アジア各国のリーダーも会《かい》し、「『平和の地球《ほし》』を我《われ》らの勇気で！」と誓《ちか》い合った。

韓国《かんこく》と日本の青年部の交流《こうりゅう》も意義深《いぎぶか》かった。

さらに九月には、アメリカ九都市《とし》で、大勝利《だいしょうり》の青年大会「正義《せいぎ》の師子《しし》・五万」が、意気軒昂《いきけんこう》に行われた。その時に出演《しゅつえん》したアメリカの青年たちを中心《ちゅうしん》に今、新たな友また友を糾合《きゅうごう》しようと、学会創立《そうりつ》の月を記念する座談《ざだん》会《かい》の結集《けっしゅう》・充実《じゅうじつ》に力《ちから》を注《そそ》いでいるという。

アルゼンチン、ブラジルはじめ中南米《ちゅうなんべい》でも、欧州《おうしゅう》でも、オセアニアでも、アフリカでも、「人間の尊厳《そんげん》と希望輝《かがや》く新時代」へ、若人《わこうど》の前進は一《いち》段《だん》と勢《いきお》いを増《ま》している。

「御義口伝《おんぎくでん》」に、「宝塔即《ほうとうすなわ》ち一切衆生《いっさいしゅじょう》、一切衆生即ち南無妙法蓮華経の全《ぜん》体《たい》なり」（新1111ページ・全797ページ）との甚深《じんじん》の仰《おお》せがある。

「法華経」に説《と》かれる、大地より涌出《ゆじゅつ》した巨大《きょだい》で荘厳《そうごん》な宝塔《ほうとう》は、実《じつ》は一《いっ》切衆生《さいしゅじょう》、すなわち民衆一人《みんしゅうひとり》ひとりの生命《せいめい》そのものなのだ。人種《じんしゅ》も、民族《みんぞく》も、出自《しゅつじ》も、職業《しょくぎょう》も関係なく、ありのままの人間の姿《すがた》が尊厳《そんげん》なる宝塔に他《ほか》ならない。妙法《みょうほう》の全体《ぜんたい》なのだ。

ゆえに誰一人《だれひとり》、卑下《ひげ》する必要《ひつよう》はない。誰一人、孤独《こどく》な絶望《ぜつぼう》の闇《やみ》に置《お》き去《ざ》りにされてはならない。

「どうせ自分なんか」と自信《じしん》を失《うしな》った友に、「あなたこそ、最《もっと》も尊《とうと》い使命《しめい》を持った、最も尊貴《そんき》な人なのだ」と励《はげ》まし、ロマンと希望に満《み》ちた凱歌《がいか》の人生を共々《ともども》に歩《あゆ》むための仏法《ぶっぽう》なのだ。

青年こそ未来である。人類の至宝《しほう》である。若《わか》き異体同心《いたいどうしん》のスクラムで、一人《ひとり》また一人と友情を広げ、誰《だれ》もが桜梅桃李《おうばいとうり》と輝《かがや》く「生命尊厳《せいめいそんげん》の宝塔《ほうとう》」を林立《りんりつ》させていくのだ！　それは、皆が法華経の行者《ぎょうじゃ》の自覚《じかく》で、「仏語《ぶつご》（＝仏の言葉）を実語《じつご》とせん」（新１１１ページ・全２３０ページ）とする壮大《そうだい》な挑戦《ちょうせん》といってよい。

北海道から九州、沖縄に至《いた》る列島各地で開催中《かいさいちゅう》の青年大会や音楽祭《おんがくさい》でも、新たな地涌《じゆ》の若人《わこうど》が歓喜踊躍《かんきゆやく》している。温かく支《ささ》え応援《おうえん》してくださる壮年・婦人や、準備《じゅんび》に当たる運営役員《うんえいやくいん》の方々《かたがた》にも心から感謝《かんしゃ》したい。

出演者《しゅつえんしゃ》はもとより、地域《ちいき》の青年部・未来部の友が一人《ひとり》ももれなく信心の原点《げんてん》を築《きず》き、黄金《おうごん》の友情の行進《こうしん》を加速《かそく》できるよう、皆《みな》で題目《だいもく》を送ろう！

＊

核兵器《かくへいき》による「人類存続《そんぞく》の危機《きき》」に警鐘《けいしょう》を鳴《な》らした、英国《えいこく》の哲学者《てつがくしゃ》ラッセルはかつて叫《さけ》んだ。

「若《わか》い人達を全世界的協力の可能性《かのうせい》に気《き》づかせること、そして人類全体《ぜんたい》の利益《りえき》について考《かんが》える習慣《しゅうかん》を生み出すことが、教育《きょういく》の目的の一《ひと》つであるべきである」(2)と。今なお不朽《ふきゅう》の言葉であろう。

先頃《さきごろ》、国連が取り組む「人権《じんけん》教育のための世界計画《けいかく》」第四段階《だんかい》のテーマが「青年」と決まった。この世界計画は「人権教育のための国連十年」

（二〇〇四年終了《しゅうりょう》）を引《ひ》き継《つ》ぎ、人権文化《ぶんか》の発展《はってん》と人権教育に関《かん》する共通《きょうつう》の理解《りかい》を促進《そくしん》するべく設《もう》けられたものである。

二〇〇五年から五年ごとにテーマを定《さだ》め、進められてきた。「青年」と掲《かか》げる第四段階《だんかい》のスタートは、二〇二〇年からだ。

このテーマの策定《さくてい》に際《さい》しては、わがＳＧＩも、作業部会への参加や共同《きょうどう》声明《せいめい》などを通《とお》して議論《ぎろん》に加《くわ》わってきた。

私自身、毎年の平和提言《ていげん》などを通《とお》し、青年に焦点《しょうてん》を当てた人権《じんけん》教育を一《いっ》貫《かん》して提唱《ていしょう》してきた。それだけに、今回の決定を何《なに》よりも嬉《うれ》しく思う。

ともあれ、「青年のエンパワーメント（内発的《ないはってき》な力《ちから》の開花《かいか》）」は、まさに全地球的なテーマとなっているといってよい。

だからこそ、わが学会は、いよいよ青年と共《とも》に、世界の同志と一緒《いっしょ》に、麗《うるわ》しき「水魚《すいぎょ》の思《おも》い」の団結で前進するのだ！

二十八年前の対話の最後、私はマンデラ氏と歩《あゆ》みつつ未来を展望《てんぼう》した。

――試練《しれん》を乗《の》り切《き》り、戦い勝ってこそ、偉大《いだい》である。真実《しんじつ》の正義《せいぎ》は、百年後、二百年後には必ず証明《しょうめい》される、と。

この最極《さいごく》の人間革命の大道《だいどう》を、わが不二《ふに》の青年たちよ、いざ朗《ほが》らかに胸《むね》を張《は》り、未来へ、勝利《しょうり》へと、闊歩《かっぽ》してくれ給《たま》え！

（1）吉田松陰著『講孟劄記（上）』近藤啓吾全訳註、講談社
（2）B・ラッセル著『人類に未来はあるか』日高一輝訳、理想社

生命の宝冠

厳寒《げんかん》に不屈《ふくつ》の人華《にんげ》を
氷壁《ひょうへき》を破《やぶ》ろう！ 熱《あつ》き心で 弾《はず》む生命《いのち》で

二〇二二年二月二十一日

この冬は、例年《れいねん》にも増《ま》して寒《さむ》さが厳《きび》しく、雪が多い。

日蓮大聖人は、御自身が「八寒《はっかん》を現身《げんしん》に感《かん》ず」（新1282ページ・全955ページ）という厳冬《げんとう》を幾《いく》たびも耐《た》え忍《しの》ばれつつ、皆《みな》の労苦《ろうく》を思いやられていた。とりわけ雪深《ぶか》い年にも、求道《きゅうどう》の信心で真心を尽《つ》くす門下《もんか》を讃《たた》えておられる。

「し《知》らず、釈迦仏《しゃかぶつ》の御使《おんつか》いか、過去《かこ》の父母の御使いかと、申《もう》すばかりなく候《そうろう》」（新1247ページ・全925ページ）――そのまま北国《きたぐに》・雪国で歯を食いしばって、広宣流布《こうせんるふ》に挑《いど》む尊《とうと》き創価家族への御照覧《ごしょうらん》と深《ふか》く拝《はい》される。

聖教新聞を配達《はいたつ》してくださっている「無冠《むかん》の友」、また常《つね》に天候《てんこう》との戦いが続《つづ》く農漁光部《のうぎょこうぶ》の方々《かたがた》をはじめ、わが宝友《ほうゆう》の健康と絶対無事故《ぜったいむじこ》、福徳安穏《ふくとくあんのん》を強盛《ごうじょう》に祈《いの》らずにはいられない。

さらに、いまだ打《う》ち続《つづ》くコロナ禍《か》の中、医療従事者《いりょうじゅうじしゃ》をはじめ、大切な人命《じんめい》を守るために日夜奮闘《にちやふんとう》しておられる方々《かたがた》に、心からの感謝《かんしゃ》を捧《ささ》げたい。

約二年に及《およ》ぶ、この感染症《かんせんしょう》のパンデミック（世界的大流行）により、日本と世界で亡《な》くなられた全《すべ》ての方々《かたがた》のご冥福《めいふく》を日々、祈念《きねん》申し上げている。

そして一日も早い収束《しゅうそく》と、危機《きき》の時代を皆《みな》の力《ちから》で超克《ちょうこく》しゆくことを誓《ちか》い合ってまいりたい。

*

一九五〇年（昭和二十五年）の初冬《しょとう》、みぞれの降《ふ》る夕《ゆう》べであったと記憶《きおく》する。

事業《じぎょう》の苦境《くきょう》の打開《だかい》に師弟《してい》して奔走《ほんそう》する中、戸田先生が笑《わら》いながら言われた。

「世の中は、まったく寒《さむ》いなぁ」

師《し》も弟子《でし》も体調《たいちょう》を崩《くず》しながらの悪戦苦闘《あくせんくとう》であった。

私は着替《きが》えのシャツや靴下《くつした》にも不自由し、オーバーなしで寒風《かんぷう》に飛び出していく日々であった。

先生は、「でも大作《だいさく》、俺《おれ》もおまえも冬の生まれだからな。一緒《いっしょ》に乗《の》り越《こ》えようや。頼《たの》むよ」と、心に熱《あつ》い火を点《とも》してくださったのである。

この艱難《かんなん》の風雪《ふうせつ》を師子奮迅《ししふんじん》で戦い抜《ぬ》き、遂《つい》に翌年、師《し》の第二代会長就任《しゅうにん》の晴《は》れわたる五月三日を迎《むか》えた。

人知《ひとし》れず私たち師弟《してい》が身読《しんどく》した御聖訓《ごせいくん》を、あらためて、仕事や生活、闘《とう》病《びょう》、介護《かいご》、子育てなどで辛労《しんろう》を尽《つ》くしている友に贈《おく》りたい。

「法華経を信ずる人は冬のごとし。冬は必《かなら》ず春となる」（新1696ページ・全1253ページ）と。

*

今月は、大聖人の御聖誕満《ごせいたんまん》八百年である。忍難弘通《にんなんぐつう》の御生涯《ごしょうがい》が胸《むね》に迫《せま》る。

「日蓮、生まれし時よりいまに一日片時《かたとき》もこころ《心》やす《安》きことはなし。この法華経の題目《だいもく》を弘《ひろ》めんと思うばかりなり」（新1892ページ・全1558ページ）

これは、若《わか》き南条時光《なんじょうときみつ》へ吐露《とろ》された御真情《ごしんじょう》である。

この御書では、時光《ときみつ》へ、こうも語り掛《か》けておられる。

「殿一人《とのひとり》にかぎ《限》るべからず、信心をすすめ給《たま》いて、過去《かこ》の父母等《ふぼとう》をすく《救》わせ給え」（新1891ページ・全1557ページ）

今、わが後継《こうけい》の宝《たから》・青年部も、新生《しんせい》・女性部の華陽姉妹《かようしまい》も、「青年・飛《ひ》躍《やく》の年」の年頭《ねんとう》から美事《みごと》な拡大《かくだい》のドラマをつづっている。

御本仏《ごほんぶつ》は、世界へ開けゆく慈折広布《じしゃくこうふ》に新《あら》たな光《ひかり》を投《とう》ずる、地涌《じゆ》の若人《わこうど》の勇舞《ゆうまい》をいかにお喜《よろこ》びであろうか。

＊

「伝統《でんとう》の二月」を貫《つらぬ》く学会精神《せいしん》――それは、一言にしていえば「氷壁《ひょうへき》を破《やぶ》る」戦いだ。苦《くる》しみ悩《なや》む友に、「冬は必《かなら》ず春」と、希望の灯《ともしび》を点《てん》じゆく開拓《かいたく》である。

七十年前（一九五二年）の「二月闘争《とうそう》」の出陣《しゅつじん》に際《さい》し、私が深《ふか》く祈《いの》り願ったのは、蒲田支部の同志が、一人《ひとり》も残らず人間革命の体験《たいけん》と確信《かくしん》をつかむことであった。その歓喜《かんき》の実証《じっしょう》こそが、恩師《おんし》の誓願《せいがん》された七十五万世帯の折伏《しゃくぶく》という聖業《せいぎょう》に連《つら》なっていくからである。

組《くみ》二世帯という折伏《しゃくぶく》の目標に、「できるわけがない」との声もあがった。私は、「やらないうちに、できないということはありません。まずは、やってみませんか」と呼《よ》び掛《か》けた。

どうすれば、皆《みな》が勇《いさ》んで対話に打《う》って出《で》ていけるか――戸田先生は明快《めいかい》に、「認識《にんしき》」「評価《ひょうか》」「実践《じっせん》」という三段階を踏《ふ》むことが大事であると語られていた。

すなわち、誰《だれ》かがやるだろうと、人ごととするのではなく、一人《ひとり》ひとりが仏法対話を自分の挑戦《ちょうせん》と認識《にんしき》し、〝この戦いが自身の宿命転換《しゅくめいてんかん》になる〟と評価《ひょうか》すれば、思い切って実践《じっせん》できる、と。

ゆえに、青年の私自身が先陣《せんじん》を切って、アパートの隣人《りんじん》など身近《みぢか》に縁《えん》した方々《かたがた》に語りに語った。対話の場があると聞けば、同志と足取りも軽く駆《か》け巡《めぐ》った。

勇気を出して語っても、思いが通《つう》じず、落胆《らくたん》する友もいた。すると皆《みな》で「よく頑張《がんば》りましたね」「全部、福徳《ふくとく》になるからね」等とねぎらい、讃《たた》え合《あ》った。

沖縄

「一人《ひとり》のために」語ること自体《じたい》に大功徳《だいくどく》がある。「仏の種《たね》」が蒔《ま》かれる。「冥《みょう》の照覧《しょうらん》」は絶対《ぜったい》に間違《まちが》いない。

だからこそ、どの座談会場《ざだんかいじょう》でも、どんな人との語らいでも、一人《ひとり》ひとりが前を向いて明《あか》るく進めるよう、温かな励《はげ》ましに徹《てっ》した。

「あの友にも」「この人にも」と声を掛《か》け合《あ》う中で、皆《みな》が異口同音《いくどうおん》に「いつの間にか目標を達成《たっせい》していた」と述懐《じゅっかい》する力《ちから》が出たのだ。

そして蒲田《かまた》支部の勢《いきお》いは日に日に高まり、その波動《はどう》は全国へ広がった。ともに、妙法に巡《めぐ》り合《あ》った友の蘇生《そせい》と福運《ふくうん》の物語が、幾重《いくえ》にも織《お》り成《な》されていった。この時、入会したご一家から、後《のち》にアメリカ広布《こうふ》のリーダーが羽《は》ばたいたことも、誉《ほま》れの歴史《れきし》である。

*

関西の行進《こうしん》も、二月闘争《とうそう》の息吹《いぶき》から始まった。

それは、やがて「立正安国《りっしょうあんこく》」の黎明《れいめい》を告《つ》げる民衆《みんしゅう》の大連帯《だいれんたい》へ発展《はってん》を遂《と》げる。

私と関西同志の忘《わす》れ得《え》ぬ宝《たから》の一書《いっしょ》がある。

二月闘争《とうそう》から五年を経《へ》た一九五七年（昭和三十二年）の七月三日、「大阪事件」の渦中《かちゅう》に、戸田先生から賜《たまわ》った妙悟空著《みょうごくうちょ》『人間革命』である。

当時、夕張炭労《ゆうばりたんろう》による学会員への人権侵害事件《じんけんしんがいじけん》の解決《かいけつ》のために、北海道で戦い、勝利《しょうり》した後、私は空路《くうろ》、大阪へ向かわねばならなかった。大阪府《ふ》警《けい》に出頭《しゅっとう》するためである。

乗《の》り換《か》えの羽田空港で、戸田先生は、厳父《げんぷ》のごとく「征《い》って来なさい！」と言われた。そして別《わか》れ際《ぎわ》に、ご自身の「出獄《しゅつごく》」の日を記念して、この日、発刊《はっかん》されたばかりの一冊《さつ》を手渡《てわた》してくださったのだ。

大阪への機中《きちゅう》、この書を拝《はい》し、勇気百倍、不二《ふに》の闘志《とうし》を燃《も》え上がらせて、私は無実《むじつ》の容疑《ようぎ》による「入獄《にゅうごく》」という試練《しれん》に踏《ふ》み出《だ》していったのである。

後日《ごじつ》、私は、この書の扉《とびら》に「戸田城聖《じょうせい》先生ヨリ　給《たま》ハリシモノ也《なり》」「昭和三十二年七月三日ニ」と記《しる》し、裏表紙《うらびょうし》の見返《みかえ》しに一詩《いっし》を書き留《と》めた。江戸時代後期の漢詩人《かんしじん》・梁川星巌《やながわせいがん》が、関西を舞台《ぶたい》とした源義経《みなもとのよしつね》を詠《よ》んだ七言《しちごん》絶句《ぜっく》である。

「雪は笠檐《りゅうえん》に灑《そそ》ぎ

　風は袂《たもと》を捲《ま》く

呱々《ここ》　乳《ちち》を索《もと》むるは

　若為《いか》なる情《じょう》ぞ

他年《たねん》　鉄拐峯頭《てっかいほうとう》の嶮《けん》

三軍《さんぐん》を叱咤《しった》するは

　是《こ》れ此《こ》の声」(1)

――幼子《おさなご》三人を連《つ》れ、平家《へいけ》の追《お》っ手《て》を逃《のが》れて雪中《せっちゅう》を歩《あゆ》む常盤御前《ときわごぜん》。雪は編《あ》み笠《がさ》のひさしに降《ふ》り積《つ》もり、風は着物《きもの》のたもとを巻《ま》き上げる。赤子《あかご》の牛《うし》若丸《わかまる》（源義経《みなもとのよしつね》）は、どんな思いなのか、母の乳《ちち》を求め、泣《な》き叫《さけ》んでいる。

後年《こうねん》、義経《よしつね》は平家追討《へいけついとう》の大将軍《だいしょうぐん》となって一ノ谷《いちのたに》の合戦《かっせん》に臨《のぞ》み、険《けわ》しい鉄《てっ》拐山《かいさん》の上から鵯越《ひよどりごえ》を駆《か》け下《くだ》って敵《てき》を打《う》ち破《やぶ》った。全軍《ぜんぐん》を叱咤《しった》した、この大《だい》号令《ごうれい》の声こそ、雪中《せっちゅう》、母の懐《ふところ》で泣《な》いていた牛若丸《うしわかまる》の声なのだ――と。

この詩《し》に託《たく》し、私は壮大《そうだい》な逆転劇《ぎゃくてんげき》を心に期《き》した。

横暴《おうぼう》な権力《けんりょく》の魔性《ましょう》に、善良《ぜんりょう》な庶民《しょみん》がどれほど苦《くる》しみ泣《な》かされてきたことか。

だが、今に見よ！　父母《ちちはは》の涙《なみだ》を知る正義《せいぎ》の青年群《ぐん》が力《ちから》をつけ、いかなる大難《だいなん》にも屈《くっ》せぬ、師子王《ししおう》の陣列《じんれつ》を必《かなら》ず築《きず》いてみせる。そして、断《だん》じて民衆《みんしゅう》の凱歌《がいか》を轟《とどろ》かせてみせるのだ、と。

この私の決心を、関西の友は我《わ》が心とし、「負《ま》けたらあかん！」と常勝《じょうしょう》の錦州城《きんしゅうじょう》を築《きず》き上げてくれたのだ。

＊

「伝統の二月」を、全世界の同志が〝私自身、そして私たちの対話で飾《かざ》ろう〟と励《はげ》んでくれている。

インドでは、毎年二月を「カマタ（蒲田）キャンペーン」と掲《かか》げ、広布《こうふ》の前進がいやまして加速《かそく》する。

三十年前（一九九二年）の二月十一日——戸田先生生誕《せいたん》の日に、首都《しゅと》ニューデリーで、私はマハトマ・ガンジーが展開《てんかい》した非暴力《ひぼうりょく》の民衆《みんしゅう》運動を巡《めぐ》って記念講演《こうえん》を行《おこな》った。

第二次世界大戦中《たいせんちゅう》、ガンジーが最後の獄中闘争《ごくちゅうとうそう》に臨《のぞ》んでいた、まさに同じ頃《ころ》、恩師《おんし》も日本の軍国主義《ぐんこくしゅぎ》に抗《こう》して獄中《ごくちゅう》にあったのである。

ガンジーは訴《うった》えた。

〝祈《いの》りとは、自分自身との戦いであり、逆境《ぎゃっきょう》や絶望《ぜつぼう》を克服《こくふく》しゆく勇気の挑戦《ちょうせん》であるのだ〟(2)と。

今、私たちの広布誓願《こうふせいがん》の祈《いの》りは、仏教源流《げんりゅう》の天地《てんち》・インドをはじめ、全世界を包《つつ》む時代となった。

コロナ禍《か》でも、創価家族の心は、自在《じざい》に通《かよ》い合《あ》う。

先日の本部幹部会では、兵庫女性部の「ひまわり合唱団」の皆《みな》さんが、ブラジルSGIの愛唱歌《あいしょうか》をはつらつと歌い上げてくれた。兵庫・関西と縁《えにし》の深《ふか》いブラジルの友も喜《よろこ》ばれている。

兵庫の未来部と青年部の代表も〝大楠公《だいなんこう》〟を凜々《りり》しく大合唱し、感動を呼《よ》んだ。

恩師《おんし》のもとで熱唱《ねっしょう》した正義《せいぎ》の魂《たましい》を、従藍而青《じゅうらんにしょう》の若人《わこうど》が歌い継《つ》いでくれていることは、何《なん》と頼《たの》もしいことか。

牧口先生と戸田先生が、共《とも》に線《せん》を引《ひ》かれ、大切にされていた御聖訓《ごせいくん》に、「よき師《し》と、よき檀那《だんな》と、よき法《ほう》と、この三つ寄《よ》り合って祈《いの》りを成就《じょうじゅ》し、国土の大難《だいなん》をも払《はら》うべきものなり」（新695ジペー・全550ジペー）と仰《おお》せである。

この「師弟不二《していふに》」にして「異体同心《いたいどうしん》」という最極《さいごく》の絆《きずな》で結《むす》ばれた我《われ》らは、広布《こうふ》と人生の祈《いの》りを一つ一つ成就《じょうじゅ》し、断固《だんこ》、社会と世界の大難《だいなん》を変毒為薬《へんどくいやく》していくのだ。地上から〝悲惨《ひさん》〟の二字をなくしたいと願われた恩師《おんし》の心を継《つ》いで、立正安世界《りっしょうあん》を祈《いの》り開いていくのだ！

創価の若《わか》き世界市民には、人類の良識《りょうしき》から、深《ふか》い信頼《しんらい》と期待《きたい》が託《たく》されている。

熱《あつ》き心の連帯《れんたい》と弾《はず》む生命《せいめい》で、分厚《ぶあつ》い氷壁《ひょうへき》をも破《やぶ》り、地球民族の平和と尊厳《そんげん》の春へ、不屈《ふくつ》の人華《にんげ》を咲《さ》かせ、いよいよの飛躍《ひやく》を頼《たの》む！

（1）梁川星巌の詩は「常盤孤を抱くの図に題す」
（2）マハトマ・ガンディー著「私の宗教的実践の補助」保坂俊司訳、『私にとっての宗教』所収、新評論、参照

我《われ》らは「感激《かんげき》の同志」

喜《よろこ》び勝たなん　異体同心《いたいどうしん》で前へ！

二〇二一年六月十日

御本仏《ごほんぶつ》・日蓮大聖人の御聖誕《ごせいたん》八百年に際《さい》し、あらためて思い起《お》こされる縁《えにし》がある。

大聖人と「武蔵野《むさしの》」「武蔵国《むさしのくに》」との宿縁《しゅくえん》である。

無量《むりょう》の地涌《じゆ》の菩薩《ぼさつ》たちが末法《まっぽう》の広宣流布《こうせんるふ》を誓願《せいがん》する法華経の虚空会《こくうえ》の会座《えざ》を、大聖人は広大《こうだい》な武蔵野《むさしの》の天地《てんち》になぞらえておられた。

そして御一代《ごいちだい》の総仕上《そうしあ》げを武蔵国池上郷《むさしのくにいけがみごう》（現・東京都大田区《おおたく》）で飾《かざ》られ、この地で弟子《でし》に「立正安国論《りっしょうあんこくろん》」を講義《こうぎ》され、尽未来際《じんみらいさい》への魂魄《こんぱく》を留《とど》められたのである。

恩師《おんし》・戸田城聖《じょうせい》先生は、御本仏《ごほんぶつ》の遺業《いぎょう》を継《つ》ぐ創価学会が、御在世《ございせ》から七百年のリズムで、不思議《ふしぎ》にも東京を起点《きてん》に出現《しゅつげん》したことを、甚深《じんじん》の因縁《いんねん》とされていた。

今、この大東京を中心に地涌《じゆ》の誓友《せいゆう》たちが法華経の会座《えざ》さながらに勇《いさ》み集《つど》い、立正安国《りっしょうあんこく》の宝土《ほうど》を築《きず》きゆかんと奮闘《ふんとう》している。それは、御本仏《ごほんぶつ》が展《てん》望《ぼう》された未来図通《どお》りのロマンの大絵巻《だいえまき》といってよい。

＊

この六月六日、生誕《せいたん》百五十年を迎《むか》えた創立《そうりつ》の師父《しふ》・牧口常三郎《つねさぶろう》先生が、「不惜身命《ふしゃくしんみょう》」「死身弘法《ししんぐほう》」を貫《つらぬ》き、殉教《じゅんきょう》されたのも、東京である。

先生が所持《しょじ》する御書に、線を引《ひ》いて大事にされた法華経の一節《いっせつ》がある。

「能《よ》くひそかに一人のためにも、法華経を説《と》かば、当《まさ》に知るべし、この

人は則《すなわ》ち如来《にょらい》の使いなり乃至《ないし》如来は則ちために衣をもってこれを覆《おお》いたもう」（新735ジペー・全580ジペー）

ただ一人《ひとり》のためにも妙法《みょうほう》を説《と》く人は、まさに「仏の使《つか》い」であり、慈悲《じひ》による仏の仕事を行《おこな》う大切な存在《そんざい》なのだと示《しめ》されている。

学会は創立以来《そうりついらい》、牧口・戸田両先生を先頭《せんとう》に、一人《ひとり》に向き合い、この仏の仕事を実践《じっせん》してきた。それが、互《たが》いの顔が見える少人数の座談会であり、胸襟《きょうきん》を開いた一対一の対話である。

「しばしば談話《だんわ》を致《いた》さん」（新25ジペー・全17ジペー）と「立正安国論《りっしょうあんこくろん》」に仰《おお》せの通《とお》り、「さあ共《とも》に語り合おうではないか！」と皆《みな》の幸せと世《よ》の安穏《あんのん》を祈《いの》り、打《う》って出《で》てきたのだ。

牧口先生は戦時中《せんじちゅう》の二年間にも、座談会を二百四十余回行《おこな》ったと記録《きろく》されている。さらに毎週、自宅などで会員と面談《めんだん》し、信心指導《しどう》を積《つ》み重ねておられた。

軍部《ぐんぶ》政府の圧迫下《あっぱくか》でも、徹底《てってい》して民衆《みんしゅう》の中へ飛《と》び込《こ》み、誠実《せいじつ》に一対一の対話を何度《なんど》も繰《く》り返《かえ》されたのだ。

牧口先生は、法難《ほうなん》で囚《とら》われた獄中《ごくちゅう》でも、身近《みぢか》に接《せっ》した看守《かんしゅ》を折伏《しゃくぶく》されていた。戸田先生もそうであった。

いかなる状況《じょうきょう》であれ、地涌《じゆ》の誓願《せいがん》に立《た》って縁《えん》する「一人《ひとり》」と語らいゆくのだ。そこに、必《かなら》ず「下種仏法《げしゅぶっぽう》」の幸《さち》の仏縁《ぶつえん》が結《むす》ばれ、勝利《しょうり》の道が開かれると、両先生は教えてくださっている。

我《われ》らの「東京の歌」にある如《ごと》く、「仏の使《つか》いに誇《ほこ》りあり」と胸《むね》張《は》り進むところに、「喜《よろこ》び勝たなん力《ちから》」が満々《まんまん》と涌現《ゆげん》するのだ。

＊

牧口先生は、当時、豊島《としま》の西巣鴨《にしすがも》にあった東京拘置所《こうちしょ》から、豊島の目白《めじろ》にある自宅に手紙を送られている。

奥様はじめ、ご家族の女性方《がた》に宛《あ》ててである。今でいえば「女性部」であり、世代《せだい》では〝多宝会《たほうかい》〟と〝華陽会《かようかい》〟である後継《こうけい》に、一切を変毒為薬《へんどくいやく》する「師子王《ししおう》の心」を綴《つづ》り、託《たく》されていたのだ。

先生の生誕日《せいたんび》を挟《はさ》んで、六月四日は世界の華陽姉妹《かようしまい》の記念日であり、きょう六月十日は婦人部の結成《けっせい》から七十年の記念日となる。

今、勇気凜々《りんりん》と躍動《やくどう》する女性部と女子部の一人《ひとり》ひとりの活躍《かつやく》を、先師《せんし》もどれほど喜《よろこ》ばれていることか。

＊

師弟《してい》は不二《ふに》なるゆえか、一九四四年（昭和十九年）の十一月、牧口先生が獄死《ごくし》された同時期《どうじき》、同じ拘置所《こうちしょ》の独房《どくぼう》で、戸田先生は、「われ地涌《じゆ》の菩薩《さつ》なり」と覚知《かくち》され、広宣流布《こうせんるふ》の大誓願《だいせいがん》を起《お》こされていた。

翌年《よくねん》六月の末《すえ》、戸田先生は、中野の豊多摩刑務所《とよたまけいむしょ》に移送《いそう》となり、七月三日の夕刻《ゆうこく》、鉄鎖《てっさ》を切《き》った師子王《ししおう》の如《ごと》く出獄《しゅつごく》された。そして自宅への帰途《きと》、降《お》り立ったのが目黒駅である。周囲の目黒、品川を見渡《みわた》せば、焼《や》け野原《のはら》が広がっていた。

先生は、ここから広布《こうふ》へ一人《ひとり》立ったのだ。私も、雨の中、目黒通りの権之助坂《ごんのすけざか》を歩《あゆ》む師《し》にお供《とも》するなど、この地の思い出は尽《つ》きない。

戸田先生が戦後《せんご》、学会再建《さいけん》へ最初《さいしょ》の座談会を行《おこな》われたのは、七十五年前、東京の蒲田区《かまたく》（当時）であった。

その翌年《よくねん》、先生が「立正安国論《りっしょうあんこくろん》」を講義《こうぎ》されていた大田区内《おおたくない》の座談会で、私は師弟《してい》の契《ちぎ》りを結《むす》べたのだ。

先生は、よく言われた。

——二人《ふたり》でも三人でもよい。信心の素晴《すば》らしさを語り合って、皆《みな》が感激《かんげき》に満《み》ちて帰《かえ》っていく。これが第一線の発展《はってん》の力《ちから》なんだ、と。

東京

＊

人の世《よ》を動かすものは「感激《かんげき》」にほかならない。

日本経済《けいざい》の黎明《れいめい》を開いた大実業家《だいじつぎょうか》・渋沢栄一翁《しぶさわえいいちおう》も、こんな言葉を残している。

「一朝《いっちょう》、事《こと》に臨《のぞ》んで感激《かんげき》すれば、自《みずか》ら意気《いき》の奮興《ふんこう》するものである」(1)

今日《こんにち》の学会の世界的な広がりも、恩師《おんし》の獄中《ごくちゅう》の悟達《ごだつ》という、広布《こうふ》の使命《しめい》に生きる感激《かんげき》が源流《げんりゅう》といえよう。

この感激《かんげき》の爆発的《ばくはつてき》な連鎖《れんさ》を生《う》んだ舞台《ぶたい》の一《ひと》つが墨田《すみだ》である。この地で戸田先生も私も会長に就任《しゅうにん》し、広布《こうふ》の大前進を開始したのだ。共戦《きょうせん》の師弟《してい》には、随喜《ずいき》の感激《かんげき》があり、「元初《がんじょ》の生命《いのち》の曙《あけぼの》」が燦然《さんぜん》と輝《かがや》いている。

渋沢翁《しぶさわおう》に縁深《えにしふか》き北区の飛鳥山《あすかやま》の麓《ふもと》、王子《おうじ》駅前の会場で、戸田先生が出席されて草創《そうそう》の足立支部の総会が行《おこな》われたことがある。

学会の組織が飛躍的《ひやくてき》に発展《はってん》した一九五三年（昭和二十八年）の五月であった。足立区はもとより、北区、荒川区、板橋区などから、広布《こうふ》を誓《ちか》って勇《いさ》んで参集《さんしゅう》した健気《けなげ》な庶民《しょみん》の英雄《えいゆう》たちに、先生は師子吼《ししく》された。

「信心が深《ふか》ければ生活は一変《いっぺん》する。運命を転換《てんかん》できる。苦《くる》しんでいる人びとを救《すく》わんがため、仏の事業《じぎょう》をする学会に、功徳《くどく》がないわけがない」と。

四年後、荒川の夏季《かき》ブロック指導《しどう》の折《おり》、私が随喜《ずいき》の心で共《とも》に戦った勇者《ゆうしゃ》には、この総会《そうかい》に参加していた方々《かたがた》も大勢《おおぜい》おられた。

＊

思えば、大聖人を武蔵国《むさしのくに》にお迎《むか》えしたのは、池上兄弟《いけがみきょうだい》の一家《いっか》であった。悪僧《あくそう》に誑《たぶら》かされた父からの二度の勘当《かんどう》に屈《くっ》せず、凱歌《がいか》の実証《じっしょう》で師恩《しおん》に報《むく》いたのである。

「いよいよ、へる《謙》心《こころ》ね《根》・すがた《姿》おわすべからず」（新１４７４ページ・全１０８

4ページ）、「ごうじょう《強盛》にはがみ《歯噛》をして、たゆむ《弛》心なかれ」（新1475ページ・全1084ページ）との御指導《ごしどう》に、兄弟《きょうだい》は奮《ふる》い立《た》ち、苦難《くなん》を乗《の》り越《こ》えることができた。異体同心《いたいどうしん》で勝ちゆくその姿《すがた》を、大聖人は「未来までの物語《ものがたり》」と讃《たた》えてくださったのである。

とりわけ、池上家《いけがみけ》においても、女性の信心の力《ちから》が偉大《いだい》であった。大聖人は兄弟《きょうだい》の妻たちに「末代悪世《まつだいあくせ》の女人《にょにん》の成仏《じょうぶつ》の手本《てほん》と成《な》り給《たも》うべし」（新1481ページ・全1088ページ）と記別《きべつ》を贈《おく》られている。

まさに三十年前、邪宗門《じゃしゅうもん》の忘恩背信《ぼうおんはいしん》が吹《ふ》き荒《あ》れた時、本陣《ほんじん》・東京の母たち女性たちが「創価ルネサンス」の旗《はた》を高く掲《かか》げ、全世界の先頭《せんとう》に立って破邪顕正《はじゃけんせい》の声を上げてくれたことも、私と妻は決《けっ》して忘《わす》れない。

ともあれ、我《われ》らの立正安国《りっしょうあんこく》の前進も〝異体《いたい》を同心《どうしん》とする〟団結から生まれる。

友が悪戦苦闘《あくせんくとう》していると聞けば、我《わ》が事《こと》の如《ごと》く祈《いの》り、応援《おうえん》する。「友の喜《よろこ》び友の歎《なげ》き一《ひと》つなり」（新１２６７ページ・全９３４ページ）との御聖訓《ごせいくん》に違《たが》わず、兄弟姉妹《きょうだいしまい》の仲良《なかよ》きスクラムで、いかなる逆境《ぎゃっきょう》をもはね返《かえ》してきたのが、創価家族だ。

中野兄弟会はじめ、大田《おおた》、目黒、豊島《としま》、墨田《すみだ》、江東《こうとう》、新宿、調布、狛江《こまえ》、町田、〝村山〟など各地に兄弟会があり、共戦《きょうせん》の師子《しし》の連帯《れんたい》が大河《たいが》の如《ごと》く流《なが》れ通《かよ》っている。

大聖人も渡《わた》られた多摩川《たまがわ》に接《せっ》する調布にゆかりの、作家・武者小路実篤《むしゃのこうじさねあつ》翁《おう》は壮年の頃《ころ》、試練《しれん》の中で書いた。

「今が大事な時だ」

「我等《われら》はもう一歩進まなければならない。あらゆる方面《ほうめん》で、決心強《つよ》く働き出さなければならない」(2)

大変であればあるほど、皆《みな》で励《はげ》まし合《あ》える絆《きずな》こそ、かけがえのない宝《たから》である。

日本中、さらに世界中の不二《ふに》の宝友《ほうゆう》が、東京を「広宣流布《こうせんるふ》」即《そく》「立正安国《りっしょうあんこく》」の本陣《ほんじん》として大切にし、心一つに前進と勝利《しょうり》を祈《いの》り、尽《つ》くしてくださる。何《なん》と有《あ》り難《がた》き「感激《かんげき》の同志」であろうか！

まさしく大東京は、創価の勇気が総結集《そうけっしゅう》した「大勇《だいゆう》の城《しろ》」そのものなのだ。

＊

江戸《えど》っ子《こ》の私にとって、東京は大恩《だいおん》ある故郷《ふるさと》だ。

この天地《てんち》に、地球社会を照《て》らす幸福と安穏《あんのん》、平和と繁栄《はんえい》の「価値創造《かちそうぞう》の花の都《みやこ》」を断固《だんこ》として築《きず》き開きたいと、祈《いの》り続《つづ》けている。

青春時代から、「波浪《はろう》は障害《しょうがい》にあうごとに、その頑固《がんこ》の度《ど》を増《ま》す」を信《しん》条《じょう》に、ここ東京を主戦場《しゅせんじょう》として、苦難《くなん》にぶつかる度《たび》に、来るなら来《こ》いと、わが胸中の怒濤《どとう》をたぎらせてきた。

「怒濤《どとう》の人生」――これは、創価の師弟《してい》の覚悟《かくご》だ。激《はげ》しき波音《なみおと》が吼《ほ》えるように、負《ま》けじ魂《だましい》で頑強《がんきょう》な巌《いわお》をも打《う》ち砕《くだ》いていくのだ。

青年の七月、師弟《してい》の七月へ、我《われ》らは決然《けつぜん》と進もう！

「感激《かんげき》の同志」のにぎやかな大行進《だいこうしん》で、立正安国《りっしょうあんこく》の新《あら》たな朝《あした》へ、希望の鐘《かね》を打《う》ち鳴《な》らそうではないか！

（１）矢野由次郎編『青淵先生訓言集』富之日本社
（２）武者小路実篤著『武者小路實篤全集17』小学館

人間凱歌《がいか》の福光《ふっこう》

負《ま》けじ魂《だましい》の10年「心の財《たから》」は厳然《げんぜん》

二〇二一年三月十一日

「東北はさすがだな!」

師《し》・戸田先生の感嘆《かんたん》の声が私には聞こえてくる。

一九五一年(昭和二十六年)五月三日、第二代会長就任《しゅうにん》と同時に仙台支部が発足《ほっそく》してより、先生は全学会の模範《もはん》として、東北に絶大《ぜつだい》なる信頼《しんらい》を寄《よ》せてこられた。

恩師《おんし》は若き日から東北と縁《えにし》が深《ふか》かった。北海道厚田村《あつたむら》から上京《じょうきょう》する途次《とじ》にも、宮城県塩釜《しおがま》の兄の家に立ち寄《よ》られている。

当時の先生の日記には「我《わ》れを救《すく》ひしは、牧口常三郎《つねさぶろう》先生なり」との言葉とともに、「塩釜《しおがま》の兄の大《だい》なる後援《こうえん》」への尽《つ》きせぬ感謝《かんしゃ》が記《しる》されてある。大誠実《だいせいじつ》の東北の友をこよなく愛《あい》し、「皆さんが幸せになってくれれば、他に何《なん》の願いもない」と熱く語られる師《し》であった。

今月七日、「東北広布《こうふ》七十周年」とともに、東日本大震災《だいしんさい》から「福光《ふっこう》十年」の意義《いぎ》を込《こ》めた「希望の絆《きずな》」総会が、全六県――宮城、岩手、青森、秋田、山形、福島を結《むす》び、心を一つに行《おこな》われた。

戸田先生も、尊《とうと》き東北家族の師弟勝利《していしょうり》のスクラムを見守り、讃《たた》えてくださっているに違いない。

＊

この十年、胸の張《は》り裂《さ》けるような辛《つら》い現実の中で立ち上がり、自《みずか》ら被災《ひさい》しながらも、自分のことより友の励《はげ》ましをと挺身《ていしん》してきた、わが東北同志である。どれほどの風雪《ふうせつ》を耐《た》え、負《ま》けじ魂《だましい》で進む茨《いばら》の道であったか。

大震災《だいしんさい》の直後《ちょくご》より、青年たちが全身全霊《ぜんしんぜんれい》で救援《きゅうえん》の行動を起《お》こしたことも、私の胸から離《はな》れない。

震災発生《しんさいはっせい》から十日ほど後《のち》、奮闘《ふんとう》している男女青年部のリーダーたちに、私は伝言《でんごん》を送った。

「よく戦ってくださった。よく生《い》き抜《ぬ》いてくださった。よく耐《た》え抜いてくださった。

そして、創価の精神を発揮《はっき》して、人々の大救済《だいきゅうさい》に命《いのち》を懸《か》けて戦い続けてくださっている。

感謝《かんしゃ》しても感謝しても感謝しきれない」と。

「地涌《じゆ》の正義《せいぎ》の旗頭《はたがしら》」たる東北の宝友《ほうゆう》への、今も変わらぬ真情《しんじょう》である。

＊

大震災《だいしんさい》で亡《な》くなられた方々《かたがた》、また復興《ふっこう》の途上《とじょう》で亡くなられた方々へ、重ねて追善回向《ついぜんえこう》の題目を送らせていただきたい。

御本仏《ごほんぶつ》・日蓮大聖人は、最愛《さいあい》の若き子息《しそく》を突然失《とつぜんうしな》ったお母さんの悲《かな》しみに寄《よ》り添《そ》われつつ、成仏《じょうぶつ》は絶対《ぜったい》に間違《まちが》いないことを断言《だんげん》されている。

「一切《いっさい》の諸仏《しょぶつ》が霊山浄土《りょうぜんじょうど》に集《あつ》まられて、亡《な》きご子息《しそく》を、或《ある》いは手にすえ、或いは頭をなで、或いは抱《いだ》き、或いは悦《よろこ》び、月が始めて出たように、花が始めて咲《さ》いたように、どんなにか愛《あい》されていることでしょう」（新1909ジペー・全1570ジペー、通解）と。

偉大《いだい》なる東北広布《こうふ》の母たちが、一日また一日、祈《いの》り抜《ぬ》き、語り抜き、走り抜いて積《つ》み上《あ》げてきた「心の財《たから》」は、まさしく功徳《くどく》の山々である。「福《ふっ》光《こう》」の母が奏《かな》でる幸《さち》の曲《きょく》は、生死《しょうじ》を超《こ》えて必《かなら》ずや一家《いっか》も地域《ちいき》も包《つつ》むのだ。

大聖人は、悲嘆《ひたん》を慈愛《じあい》に変えて前へ進みゆく母に、こうも示《しめ》されている。

「この法華経を持《たも》つ人は、百人は百人ながら、千人は千人ながら、一人《ひとり》も欠《か》けず、皆《みな》、仏に成《な》ることができるのです」（新1913ﾍﾟｰｼﾞ、全1580ﾍﾟｰｼﾞ、通解）と。

〝一人《ひとり》も欠《か》けず、皆《みな》、仏に〟との一言に、仏法の究極《きゅうきょく》の人間主義が凝縮《ぎょうしゅく》されている。仏法の慈悲《じひ》は誰《だれ》も排除《はいじょ》しない。いかなる人も大切な存在《そんざい》として、「幸せになれ」と祈《いの》り、照《て》らしていくのだ。

また今は故郷《こきょう》を離《はな》れていても、誰《だれ》であれ、あの人ありて、この人ありての、わが郷土《きょうど》であり、わが社会である。心と心はつながっている。誰もが、かけがえのない一人《ひとり》ひとりなのだ。

仏法の祈《いの》りと慈《いつく》しみの心は、眼前《がんぜん》の一人《ひとり》に注《そそ》がれると同時《どうじ》に、先人《せんじん》たちにも、まだ生まれていない子どもたちにも及《およ》ぶ。

現在の命《いのち》を全力《ぜんりょく》で守るとともに、過去の命も忘れず、未来の命に思いを

東京

馳《は》せる。この視座《しざ》に立ってこそ、誰《だれ》もが平等《びょうどう》に尊厳《そんげん》ある人生を送れる、希望の社会が見えてくる。

＊

大聖人は、亡《な》き壮年の門下《もんか》を悼《いた》み偲《しの》ばれながら、その旧友《きゅうゆう》たる共戦《きょうせん》の同志に仰《おお》せになられた。

「すでに先立《さきだ》たれた今は、あなたを形見《かたみ》と拝《はい》しています。そうであるからは、亡《な》くなられたとはいえ、なんで空《むな》しいことがあるでしょうか」（新1700ページ・全1228ページ、通解）

甚深《じんじん》の一節《いっせつ》である。

今世《こんぜ》の人生には限《かぎ》りがある。しかし、広宣流布《こうせんるふ》・令法久住《りょうぼうくじゅう》に捧《ささ》げた命《いのち》は、その形見《かたみ》たる後継《こうけい》の友に確《しか》と受け継がれ、三世《さんぜ》へ流れ通《かよ》っていくのだ。

そこには感傷《かんしょう》を突《つ》き抜《ぬ》けた誓《ちか》いがある。

この御聖訓《ごせいくん》さながらに、東北のいずこにあっても、先輩《せんぱい》・同志や家族の遺志《いし》を託《たく》された、新《あら》たな黄金柱《おうごんばしら》たちが澎湃《ほうはい》と立ち上がっている。

我々《われわれ》は、「地涌《じゆ》の菩薩《ぼさつ》」として、それぞれに大勢《おおぜい》の眷属《けんぞく》を引《ひ》き連《つ》れて、この使命《しめい》の娑婆《しゃば》世界に躍《おど》り出《で》てきたのだ。

ゆえに、「妙法流布《みょうほうるふ》の誓願《せいがん》」に生《い》き抜《ぬ》いていくならば、宿縁深《しゅくえんふか》き眷属《けんぞく》が一人《ひとり》また一人と現《あらわ》れてこないわけがない。そして、広布《こうふ》のため、立正安国《りっしょうあんこく》のために、共《とも》に働いてくれるようになる。これが「地涌《じゆ》の義《ぎ》」である。

＊

とりわけ、従藍而青《じゅうらんにしょう》の東北青年部の成長は、誠《まこと》に目覚《めざ》ましい。

「鉄《くろがね》は炎《きた》い打《う》てば剣《つるぎ》となる」（新1288ジペー・全958ジペー）との御金言《ごきんげん》のままに、試練《しれん》の中で鍛錬《たんれん》してきた生命《せいめい》は宝剣《ほうけん》の如《ごと》く、冴《さ》え光《ひか》るのだ。

今回の「希望の絆《きずな》」総会の運営《うんえい》はもとより、「震災《しんさい》十年の企画展示《きかくてんじ》」

も、〝青年の熱《ねつ》と力《ちから》〟で推進《すいしん》してきた。

東北の友との交流《こうりゅう》を宝《たから》とされているエマソン協会元会長のサーラ・ワイダー博士も、展示《てんじ》の写真や解説《かいせつ》をご覧《らん》になられての感動を、早速《さっそく》、アメリカから伝《つた》えてくださった。

「私たち全《すべ》ての人間は深《ふか》くつながっていること、そして、より良い時代を築《きず》くことは可能《かのう》だということを再確認《さいかくにん》させてくれる皆《みな》さんの姿《すがた》は、コロナ禍《か》と戦い、強《つよ》く生きなければならない今こそ、私たちに力《ちから》を与《あた》えてくれるものです」と。

健気《けなげ》な東北の若人《わこうど》は、身近《みぢか》な友人とも、世界の友とも、励《はげ》ましの連帯《れんたい》を朗《ほが》らかに築《きず》いている。

東北各県に足跡《そくせき》を残《のこ》した、社会福祉《ふくし》運動家ヘレン・ケラーの言葉が思い起こされる。

「世界に青年がいるかぎり、文明《ぶんめい》は逆行《ぎゃっこう》することができない」(1)

あの青葉城《あおばじょう》の石垣《いしがき》も、何度《なんど》も何度も、手を加《くわ》えられ、積《つ》み直《なお》されてきた。不撓不屈《ふとうふくつ》の苦闘《くとう》によって、現在の堂々《どうどう》たる威容《いよう》が支《ささ》えられている。

労苦《ろうく》を惜《お》しまず、自《みずか》ら汗《あせ》を流《なが》すことを厭《いと》わない東北健児《けんじ》たちによって、揺《ゆ》るぎない「青年の大城《だいじょう》」が聳《そび》え立つことは、何《なん》と頼《たの》もしいことか。

*

一年前の三月十一日、WHO（世界保健機関《ほけんきかん》）は、新型《しんがた》コロナウイルスの感染拡大《かんせんかくだい》について、「パンデミック」（世界的大流行）と表明《ひょうめい》した。

私は、今年一月の提言《ていげん》で、このパンデミックを各国《かっこく》の連帯《れんたい》によって収束《しゅうそく》させた先《さき》に、あらゆる国の人びとの命《いのち》と健康を守るための世界的基盤《きばん》を形《かたち》作《づく》る必要性《ひつようせい》を訴《うった》えた。生まれた国や育った環境《かんきょう》による〝命《いのち》の格差《かくさ》〟などあってはならないし、打《う》ち破《やぶ》らねばならないのだ。

一人《ひとり》ひとりの「生命《せいめい》」が、分《わ》け隔《へだ》てなく最極《さいごく》の存在《そんざい》であることを、誰《だれ》よりも知悉《ちしつ》しているのが、東北の賢者《けんじゃ》である。

「大震災《だいしんさい》の教訓《きょうくん》を断《だん》じて風化《ふうか》させない」「最後《さいご》の一人《ひとり》が立ち上がるまで寄《よ》り添《そ》い続《つづ》ける」――。

この深《ふか》い決意から生まれる、命《いのち》を守り育《はぐく》む取《と》り組《く》みこそ、世界に「生命《せいめい》尊厳《そんげん》」の基盤《きばん》を生み出す希望の光源《こうげん》であると、私は確信《かくしん》してやまない。

*

日蓮大聖人は、「難《なん》を忍《しの》び慈悲《じひ》のすぐれ《勝》たること」（新72ページ・全202ページ）を御自身《ごじしん》の誉《ほま》れとなされた。

この御本仏《ごほんぶつ》の忍難《にんなん》弘通《ぐつう》と慈悲《じひ》曠大《こうだい》に直結《ちょっけつ》して、立正安《りっしょうあん》世界という「平和の道」を創《つく》り開《ひら》いてきたのが、我《われ》ら創価の師弟《してい》である。ことに「忍難」と「慈悲」にすぐれているのが、風雪越《ふうせつこ》えし東北の不二《ふに》の友なりと、私は声を大《だい》にして宣言《せんげん》したい。

この、逆境《ぎゃっきょう》に強《つよ》い東北人の底力《そこぢから》こそ、新時代を開く価値創造《かちそうぞう》の源泉《げんせん》だ。

思《おも》えば、私たちが「第二の七つの鐘《かね》」を打《う》ち鳴《な》らし始めた二〇〇一年は、東北広布《こうふ》五十周年であった。そして次に、「第三の七つの鐘」を打ち鳴らす二〇五一年は「東北広布百周年」である。

この壮大《そうだい》なる行進《こうしん》の中で、「生命《せいめい》の尊厳《そんげん》」の哲学《てつがく》を時代精神《せいしん》・世界精神として定着《ていちゃく》させ、「生命の世紀」「人間革命の世紀」を建設《けんせつ》しゆくのだ。

その総仕上《そうしあ》げを担《にな》い立つのは、わが愛《あい》する東北家族にほかならない。

誰《だれ》もが不安《ふあん》と困難《こんなん》を抱《かか》える「危機《きき》の時代」にあって、みちのくの父母《ちちはは》たちの笑顔《えがお》と励《はげ》ましの温《ぬく》もりは無上《むじょう》の宝《たから》である。

諸天《しょてん》をも叱咤《しった》して揺《ゆ》り動かす強《つよ》き祈《いの》り、断《だん》じて友を救《すく》わずにはおかないとの勇気の対話が、大悪《だいあく》をも大善《だいぜん》へと転《てん》ずる。

希望に生きる人生は、かくも偉大《いだい》なり！

誓《ちか》いを貫《つらぬ》くことこそ、生命《せいめい》の勝利《しょうり》なり！

東北の友が謳《うた》い上《あ》げる「人間凱歌《がいか》の福光《ふっこう》」こそ、みちのくから世界へ、未来へ、永遠に広がり、人類を照《て》らしゆく旭日《きょくじつ》なのだ。

（1）ヘレン・ケラー著『わたしの生涯』岩橋武夫訳、角川書店

仏法西還《ぶっぽうせいかん》の誉《ほま》れ

「立正安《りっしょうあん》世界」は我《われ》らの大誓願《だいせいがん》

二〇二一年二月二十五日

御本仏《ごほんぶつ》・日蓮大聖人は、「立正安国論《りっしょうあんこくろん》」をはじめ随所《ずいしょ》で国土《こくど》や世《よ》の「安穏《あんのん》」を願《ねが》うお心を示《しめ》されています。災害《さいがい》や疫病《えきびょう》等が絶《た》えない濁世《じょくせ》だからこそ、全民衆《ぜんみんしゅう》の苦悩《くのう》に同苦《どうく》され、一歩も退《しりぞ》かず、「立正安国」を師子吼《ししく》する大法戦《だいほうせん》を貫徹《かんてつ》されたのです。

「日蓮、生《う》まれし時よりいまに一日片時《かたとき》もこころ《心》やすき《安》ことはなし。この法華経の題目を弘《ひろ》めんと思うばかりなり」（新1892㌻・全1558㌻）

御聖誕《ごせいたん》八百年の今、このお心を継《つ》ぐ我《われ》ら創価の師弟《してい》は、「国土安穏《こくどあんのん》」「民《みん》衆安穏《しゅうあんのん》」「人類安穏」のため、「立正安国《りっしょうあんこく》」「立正安世界」の祈《いの》りと行動《こうどう》を、いやまして強《つよ》くしていきたい。

＊

我《われ》らの先師《せんし》・牧口常三郎《つねさぶろう》先生より十歳年長《ねんちょう》で、ほぼ同時代を戦い生きたインドの詩聖《しせい》タゴールは高らかに謳《うた》った。

「太陽の輝《かがや》きは
人間の勇気の中でかがやく――
陽《ひ》の光《ひかり》はこの世のすべての闇《やみ》を追《お》い払《はら》う」（1）

太陽は休《やす》みなく燃《も》え続《つづ》ける。そのエネルギーは中心部《ちゅうしんぶ》で生まれ、百万年から一千万年にもわたって、瞬時《しゅんじ》も止《とど》まることなく外へ向かって進み、満《まん》を持《じ》して地球上へ届《とど》くという。それが、惜《お》しみなく万物《ばんぶつ》を照《て》らし、育てる根源《こんげん》の力《ちから》となるのだ。

この太陽を意味する「日」を御名《おんな》に戴《いただ》かれた御本仏《ごほんぶつ》が、日蓮大聖人であられる。

大聖人は徹底《てってい》して一人《ひとり》に寄《よ》り添《そ》い、励《はげ》ましの陽光《ようこう》を送られた。そして、一人ひとりの生命《せいめい》から、いかなる不幸《ふこう》の闇《やみ》も晴《は》らしゆく元初《がんじょ》の太陽を昇《のぼ》らせてくださった。

この大聖人のお振《ふ》る舞《ま》いを、今、世界の学識者《がくしきしゃ》たちが注目《ちゅうもく》する。

フランス語版「御書」の総合監修《そうごうかんしゅう》を務《つと》めてくださったデニス・ジラ博士は、大聖人の「こまやかな配慮《はいりょ》と励《はげ》まし」に感嘆《かんたん》され、生命《せいめい》と生命を結《むす》ぶ真実《しんじつ》の「対話」の模範《もはん》を見出《みいだ》されている。

スペイン語版「御書」の総合監修者《そうごうかんしゅうしゃ》のカルロス・ルビオ博士も、大聖人の「社会的変革への行動《こうどう》と思想《しそう》」「人間的温かさ」などを、「緊急《きんきゅう》を要《よう》する世界的諸問題を抱《かか》える今日《こんにち》」の手本《てほん》とされる。

「絶望《ぜつぼう》」を「希望」に変える励《はげ》まし！

「宿命《しゅくめい》」を「使命《しめい》」に変える祈《いの》り！

「悲哀《ひあい》」を「歓喜《かんき》」に変える連帯《れんたい》！

この太陽の仏法の大光《たいこう》を、たゆまず普《あまね》く地球社会へ広げてきたのが、創価の師弟《してい》の勇気なのだ。

*

いざ往《ゆ》かん
月氏《がっし》の果《はて》まで
妙法《みょうほう》を
拡《ひろ》むる旅《たび》に
心勇《いさ》みて

立宗《りっしゅう》七百年の一九五二年（昭和二十七年）一月、戸田城聖《じょうせい》先生が詠《よ》まれた忘《わす》れ得《え》ぬ和歌《わか》である。

〝アジアの民《たみ》に日《ひかり》を〟との願業《がんぎょう》を、先生は私たちに常々《つねづね》語られた。

アジアの平和、そして民衆《みんしゅう》の安穏《あんのん》――それは、恩師《おんし》の悲願《ひがん》であった。

「仏法西還《ぶっぽうせいかん》」の原理《げんり》が示《しめ》された「諫暁八幡抄《かんぎょうはちまんしょう》」を拝《はい》し、断《だん》じて妙法流布《みょうほうるふ》をと訴《うった》えられた。

「諫暁八幡抄《かんぎょうはちまんしょう》」には、妙法《みょうほう》の末法流布《まっぽうるふ》について、こう記《しる》されている。

「今はすでに時いたりぬ」「いかでか弘通《ぐつう》せざらん」（新742ジペー・全585ジペー）

時は今だ！　今こそ、広宣流布《こうせんるふ》の大闘争《だいとうそう》に立ち上がるのだ！

私は、東洋へ、世界へ、いざ往《ゆ》かんとの師匠《ししょう》の大情熱《だいじょうねつ》を胸いっぱいに吸《す》い込《こ》み、打って出た。それが「二月闘争《とうそう》」である。

わが本格的《ほんかくてき》な広布前進《こうふぜんしん》の第一歩は、蒲田《かまた》支部という地元《じもと》の組織《そしき》からであった。壁《かべ》を破《やぶ》り、それまでの倍増《ばいぞう》ともいうべき一カ月の弘教《ぐきょう》「二百一世《せ》帯《たい》」を成《な》し遂《と》げたのだ。

私自身は最初から二百世《せ》帯《たい》を目標と決めていたが、支部の皆さんとまず目指したのは、当時の組織《そしき》の最小単位「組《くみ》」として二世帯の折伏《しゃくぶく》であった。それは、一人《ひとり》ひとりの同志にとって、他人事《ひとごと》のような遠い目標ではなく、自分自身が挑《いど》む誓願《せいがん》となった。皆《みな》が師《し》への報恩《ほうおん》の心で「一人立った」のである。

具体的には、「この人に語ろう」「あの友に会おう」「縁《えん》した一人《ひとり》を励《はげ》まそう」と、勇気を奮《ふる》って祈《いの》り動いていった。

東京の大田区《おおたく》を地盤《じばん》として、近隣《きんりん》の目黒《めぐろ》、品川《しながわ》にも、川崎などにも駆《か》けた。秋田など遠く離《はな》れた地方《ちほう》で、敢然《かんぜん》と弘教《ぐきょう》に挑戦《ちょうせん》した草分《くさわ》けの友もいる。

真心《まごころ》が通《つう》じず悪口《あっこう》されても、互《たが》いに「よく頑張《がんば》った」「信心の苦労《くろう》は、全《すべ》て功徳《くどく》に変わるからね」「また一緒《いっしょ》に前進しようよ」と声を掛《か》け合《あ》った。

皆《みな》が破《やぶ》った壁《かべ》は、自分には無理だ、できなくても仕方《しかた》がないと限界《げんかい》をつくって諦《あきら》めていた、自《みずか》らの心の壁といってよい。

そして走《はし》り抜《ぬ》いた二月の末《すえ》、各地区、各組からの報告《ほうこく》が終わろうとしたその時、「もう一世帯《せたい》」の弘教《ぐきょう》が実《みの》った！ と喜《よろこ》び勇《いさ》んで飛《と》び込《こ》んで来《こ》られたのは、婦人部の方《かた》である。

それが実《じつ》に二百一世帯目《せたいめ》となった。今も変わらぬ、太陽の婦人部の真剣《しんけん》さと執念《しゅうねん》の結実《けつじつ》である。

この勢《いきお》いが、冬から春への躍動《やくどう》のリズムそのままに、三月の連続勝利《れんぞくしょうり》の波《なみ》をつくったのだ。

＊

私が、恩師《おんし》の分身《ぶんしん》として初のアジアへの旅《たび》に出発したのは、今から六十年前（一九六一年）のことである。あの二月闘争《とうそう》から十年目であった。

仏教発祥《はっしょう》のインドにも同志はまだいなかった。悠久《ゆうきゅう》の大地《だいち》に題目《だいもく》を染《し》み込《こ》ませる思いで、妙法《みょうほう》の種《たね》を蒔《ま》き、時を創《つく》った。やがて、そこから澎湃《ほうはい》と人材は立った。今や二十五万人を超《こ》える地涌《じゆ》の菩薩《ぼさつ》の大連帯《だいれんたい》である。

昨年、インドではコロナ禍《か》にもかかわらず、青年を中心に約二万五千人の新会員が誕生《たんじょう》したとの頼《たの》もしい報告《ほうこく》も伺《うかが》った。

この拡大《かくだい》の原動力《げんどうりょく》は何《なに》か――。リーダーたちは異口同音《いくどうおん》に語る。

「メンバー一人《ひとり》ひとりの成長に心を砕《くだ》いたことです」と。

一人《ひとり》が立ち上がる。そして、その一人が新《あら》たな一人と共《とも》に立ち上がっていく。広宣流布《こうせんるふ》とは、どこまでも地道《じみち》な戦いだ。

二月闘争《とうそう》の精神《せいしん》は、今も不滅《ふめつ》である。

一対一の絆《きずな》。これが、最《もっと》も大切なのである。

目の前の一人《ひとり》の背後《はいご》には、家族や友人がいる。無数《むすう》の縁《えん》が広がっている。一人を誠実《せいじつ》に励《はげ》まし、希望を送ることは、私たちがまだ知らない誰《だれ》かをも勇気づけていく大いなる因《いん》となるのだ。

恩師《おんし》は断言《だんげん》された。

「学会は、どんどん大きくなるだろうが、一人《ひとり》を大切にする心を忘れないかぎり、盤石《ばんじゃく》だよ」

この心を胸に、一人《ひとり》また一人と忍耐強《にんたいづよ》くつながりゆく挑戦《ちょうせん》の中に、立正《りっしょう》安国《あんこく》の大河《たいが》もあるのだ。

*

御書には「源渇《みなもとかわ》けば流《なが》れ尽《つ》くる」（新1703ジペー・全1230ジペー）とある。淵源《えんげん》を忘れるな、との厳誡《げんかい》である。

学会においての「源《みなもと》」――それは「師弟《してい》」だ。

師《し》の心を学び、同じ心で立ち上がることだ。

「師《し》の構想《こうそう》をどうすれば具現化《ぐげんか》できるか」との一念《いちねん》で、未来につながる一歩を踏《ふ》み出《だ》すことだ。

恩師《おんし》は語られた。

「広宣流布《こうせんるふ》は大文化運動だ。立正安国《りっしょうあんこく》だよ」

師の心を継《つ》ぎ、私が民主音楽協会（民音）と東洋哲学研究所《けんきゅうじょ》の創立《そうりつ》を構《こう》想《そう》したのも、六十年前のアジア初訪問《はつほうもん》の折《おり》である。

香港《ホンコン》、セイロン（現・スリランカ）、インド、ビルマ（現・ミャンマー）、タイ、カンボジア……と旅《たび》する中で、ある着想《ちゃくそう》が浮《う》かんだ。

各国《かっこく》・各地域《かくちいき》の文化や思想《しそう》を学ぼう！ 心を結《むす》ぶ交流《こうりゅう》を通《とお》して友情を育《はぐく》もう！ その文化運動の展望《てんぼう》は、平和への希望を紡《つむ》ぐロマンとなった。

たとえば、東洋哲学研究所《けんきゅうじょ》の「法華経――平和と共生《きょうせい》のメッセージ」展《てん》は、今や十七カ国・地域《ちいき》を巡《めぐ》り、約九十万人が観賞《かんしょう》した。

また、民音は、百十カ国に及《およ》ぶ多くの音楽家や団体と、深《ふか》い信頼《しんらい》を広げ

東京

ている。

こうした構想《こうそう》の源《みなもと》となったのは、恩師《おんし》にご薫陶《くんとう》いただいた「戸田大学」の十年にほかならない。

「戸田大学」の不二《ふに》の学びは今、わが魂魄《こんぱく》を留《とど》めた小説『新・人間革命』を通《とお》し、〝二十一世紀の山本伸一〟たちに受《う》け継《つ》がれている。

師《し》と心を合わせれば、勇気は漲《みなぎ》る。智慧《ちえ》が湧《わ》く。力《ちから》も無限《むげん》に出てくる。

「師匠《ししょう》ならば、どうされるか」――この師弟の命《いのち》の対話がある限《かぎ》り、揺《ゆ》るがない。惑《まど》わないのだ。

創価の「平和」「文化」「教育」の大河《たいが》は、いよいよ地球民族の融合《ゆうごう》へ人類の精神《せいしん》の大地《だいち》を潤《うるお》し、価値創造《かちそうぞう》の大海原《おおうなばら》へ流《なが》れ通《かよ》っていくに違いない。

この仏法の人間主義の大潮流《だいちょうりゅう》を確《たし》かなものにする、大事な十年のスタートの時なりと、私は一重深《いちじゅうふか》く強盛《ごうじょう》に祈《いの》っている。

＊

思えば二月から三月は、大聖人が、足かけ四年にわたる竜《たつ》の口《くち》の法難《ほうなん》と佐渡《さど》流罪《るざい》の大難《だいなん》を耐《た》え忍《しの》ばれ、鎌倉へ凱旋《がいせん》を果《は》たされた時季《じき》でもある。

「日来《ひごろ》の災《さい》、月来《つきごろ》の難《なん》」「今年今月、万が一《いち》も脱《のが》れ難《がた》き身命《しんみょう》なり」（新611ジペー・全509ジペー）と仰《おお》せになられるほどの極限《きょくげん》の大迫害《だいはくがい》をも勝ち越《こ》えたお姿《すがた》を、末法万年《まっぽうまんねん》に示《しめ》し残《のこ》してくださったのだ。

大聖人は、この大難《だいなん》の中、不退《ふたい》の信心を貫《つらぬ》いた女性の門下《もんか》を、「あなたの信心が、どれほど素晴《すば》らしいか、その素晴らしさが現《あらわ》れるために、私は佐渡《さど》に流《なが》されたのでしょう」（新1684ジペー・全1222ジペー、趣意《しゅい》）とまで讃《たた》えておられる。

この御本仏《ごほんぶつ》の真正《しんせい》の門下《もんか》として、我《われ》らもあらゆる難《なん》に屈《くっ》しなかった。

そして、いよいよ一切《いっさい》を勝ち切り、全民衆《ぜんみんしゅう》を照《て》らしゆく「太陽の仏法」

の凱歌《がいか》の春を、天下《てんか》に告げようではないか！

幸《さち》の春
宝友《とも》に香《かお》れや
梅《うめ》の花

（1）タゴール著「全きすがた」森本達雄訳、『タゴール著作集Ⅶ』所収、アポロン社

燃《も》える命《いのち》で飛躍《ひやく》の春へ

友情と福徳《ふくとく》の人華《にんげ》を爛漫《らんまん》と！

二〇二一年十二月二十七日

師走《しわす》になると、尽《つ》きせぬ感謝とともに思い起こされる恩師《おんし》の和歌《わか》がある。

勝ち負けは
　人の生命《いのち》の
　　常《つね》なれど
最後の勝《かち》をば
　仏にぞ祈《いの》らむ

これは、一九五七年（昭和三十二年）の十二月に、戸田城聖《じょうせい》先生から私が賜《たまわ》った一首《いっしゅ》である。

先生が波瀾万丈《はらんばんじょう》の苦難《くなん》を乗《の》り越《こ》え、生涯《しょうがい》の願業《がんぎょう》たる七十五万世帯の大折伏《だいしゃくぶく》を遂《つい》に達成《たっせい》された時であった。だが、体調《たいちょう》を崩《くず》されて悲願《ひがん》の広島行きも断念《だんねん》し、静養《せいよう》を余儀《よぎ》なくされていた。

私自身、夕張炭労事件《ゆうばりたんろうじけん》や大阪事件をはじめ、熾烈《しれつ》な攻防戦《こうぼうせん》の矢面《やおもて》に立ち続《つづ》けた渦中《かちゅう》である。冤罪《えんざい》を晴《は》らす法廷闘争《ほうていとうそう》も始まっていた。

御書に仰《おお》せのごとく、三障四魔《さんしょうしま》が紛然《ふんぜん》と競《きそ》い起《お》こり、学会が更《さら》なる飛躍《ひやく》を果《は》たせるか否《いな》かの分岐点《ぶんきてん》にあったといってよい。

ゆえに先生は、「仏法と申《もう》すは勝負《しょうぶ》をさき《先》とし」（新1585ページ・全1165ページ）との御聖訓《ごせいくん》を、自《みずか》ら今一重《いまいちじゅう》深《ふか》く拝《はい》された。

そして、何があろうとも、「師子王《ししおう》の心」で悠然《ゆうぜん》と祈《いの》り、戦おう！　途中《とちゅう》はどうあれ、最後は断《だん》じて勝とうではないか！　全学会員を勝たせようではないか！　と、病《やまい》を押《お》して励《はげ》ましてくださったのである。

不二《ふに》の弟子《でし》として私は奮《ふる》い立ち、強《つよ》く固《かた》く決意した。

――一年また一年、世《よ》の毀誉褒貶《きよほうへん》を見下《みお》ろしながら、先陣《せんじん》を切《き》って〝次《つぎ》こそは〟〝来年こそは〟と、広布《こうふ》の法戦《ほうせん》に挑《いど》みゆくのだ。わが誉《ほま》れの同志が一人《ひとり》ももれなく、一切を変毒為薬《へんどくいやく》して「最後の勝《かち》」を飾《かざ》りゆけるように道を開くのだ、と。

ゆえに私にとって、何《なに》よりの喜《よろこ》びは、創価家族の凱歌《がいか》の人生にほかならない。

つい先日も、聖教新聞に、牧口常三郎《つねさぶろう》先生と戸田先生の故郷《ふるさと》である北海道の百三歳を迎《むか》える多宝《たほう》のお母さまが、それはそれは神々《こうごう》しい笑顔《えがお》で紹介《しょうかい》されていた。

度重《たびかさ》なる悲嘆《ひたん》を越《こ》え、「我《われ》ならびに我が弟子《でし》、諸難《しょなん》ありとも疑《うたが》う心なくば、自然《じねん》に仏界《ぶっかい》にいたるべし」（新1117ジペー・全234ジペー）との一節《いっせつ》を拝《はい》し抜《ぬ》いてきた生命《せいめい》が輝《かがや》いている。

「私は勝ちました」との大勝利宣言《だいしょうりせんげん》に、妻《つま》と最敬礼《さいけいれい》して拍手《はくしゅ》を送った。日本中、世界中に光《ひか》る、この「最後の勝《かち》」の晴《は》れ姿《すがた》こそを、私は報恩《ほうおん》の誠《まこと》として先師《せんし》と恩師《おんし》に捧《ささ》げたいのである。

*

北海道、東北、北陸、信越《しんえつ》、北関東、近畿《きんき》、中国、さらに世界の北国《きたぐに》、雪国《ゆきぐに》の宝友《ほうゆう》の冬のご苦労が偲《しの》ばれる。

折《おり》から寒波襲来《かんぱしゅうらい》で大雪となり、皆様《みなさま》の無事安穏《あんのん》を祈《いの》らずにはいられない。

とりわけ、日《ひ》の出《で》前の暗《くら》く寒《さむ》い中、聖教新聞を配達《はいたつ》してくださる、尊《とうと》き「無冠《むかん》の友」の無事故《むじこ》を祈念《きねん》するとともに、この一年の労《ろう》に最大《さいだい》に感謝申《かんしゃもう》し上げたい。

厚田《あつた》の天地《てんち》に念願《ねんがん》の墓園《ぼえん》が開園《かいえん》した折《おり》、北海天地の友と私は御書を拝読《はいどく》

東京

した。

「法華経を信ずる人は冬のごとし。冬は必《かなら》ず春となる。いまだ昔《むかし》よりき《聞》かずみ《見》ず、冬の秋とかえ《返》れることを」（新1696ページ・全1253ページ）と。

そして約《やく》し合った。

厳寒《げんかん》の逆境《ぎゃっきょう》を勝ち越《こ》えた春の訪《おとず》れにこそ、計り知れない希望と喜《よろこ》びがある。〝法華経は冬の信心なり。冬は必《かなら》ず春となるのだ〟と確信《かくしん》し、粘《ねば》り強《づよ》く苦難《くなん》への挑戦《ちょうせん》を繰《く》り返《かえ》そう、と。

この御書を頂《いただ》いた妙一尼《みょういちあま》は、迫害《はくがい》が続《つづ》く中、夫《おっと》に先立《さきだ》たれ、病気の子らを抱《かか》えながら、必死《ひっし》に信心を貫《つらぬ》き通《とお》した女性である。

世界の創価の女性たちが鑑《かがみ》としてきた母である。

妙一尼《みょういちあま》は、流罪《るざい》の大難《だいなん》に遭《あ》われた佐渡の日蓮大聖人のもとへ、自《みず》からの従《じゅう》者《しゃ》を遣《つか》わし、お仕《つか》えさせてもいる。

その御礼《おんれい》を綴《つづ》られた御返事《ごへんじ》が、今回、御書の新版《しんぱん》に新《あら》たに収《おさ》められた。

大聖人は、釈尊《しゃくそん》が過去世《かこせ》に積《つ》んだ身《み》の供養《くよう》と対比《たいひ》されながら、法華経の行者《ぎょうじゃ》を護《まも》り抜《ぬ》こうとする妙一尼《みょういちあま》の気高《けだか》い「志《こころざし》」を、大絶賛《だいぜっさん》されているのである。

「志《こころざし》既《すで》に彼《かれ》に超過《ちょうか》せり。来果何《らいかなん》ぞ斉等《さいとう》ならざらんや」（新1693ジペー）

――あなたの志はすでに彼の人（過去世の釈尊《しゃくそん》）を超《こ》えています。未来の果報《かほう》がどうして同じでないことがあるでしょうか――と。

今また、妙法《みょうほう》の広宣流布《こうせんるふ》のために異体同心《いたいどうしん》で戦う創価の同志、なかんずく女性たち母たちが無量無辺《むりょうむへん》の大果報《だいかほう》に包《つつ》まれゆくことは、絶対《ぜったい》に間違《まちが》いないのだ。

＊

「冬は必《かなら》ず春となる」に続《つづ》けて、大聖人が引かれた法華経の一節《いっせつ》がある。

「若《も》し法を聞くこと有《あ》らば　一《ひと》りとして成仏《じょうぶつ》せざること無《な》けん」（法華経

（138ページ）

誰一人《だれひとり》として置《お》き去《ざ》りにせず、救《すく》っていくのだ！　必《かなら》ず救い切《き》れるのだ！と。

日蓮仏法は、いかなる困難《こんなん》な壁《かべ》も越《こ》え、万人成仏《ばんにんじょうぶつ》の妙法《みょうほう》を全世界に弘《ひろ》め、一切衆生《いっさいしゅじょう》を幸福にすることを根本《こんぽん》の誓願《せいがん》とした「広宣流布《こうせんるふ》の宗教」である。

そして、あらゆる差別《さべつ》を排《はい》し、誰《だれ》もが平等《びょうどう》に仏性《ぶっしょう》を具《そな》えた尊極《そんごく》の存在《そんざい》であると、一人《ひとり》ひとりが個性《こせい》を生《い》かし合い、尊敬《そんけい》し合う「人間主義の宗教」なのだ。

思えば、一九七九年（昭和五十四年）の五月三日朝、公式に第三代会長を辞《じ》する総会を前に、私は内外の策動《さくどう》を清風《せいふう》の心で見極《みきわ》めながら、筆《ふで》を執《と》った。

「桜梅薫　桃李香」（桜梅《おうばい》は薫《かお》り　桃李《とうり》は香《かお》る）と。

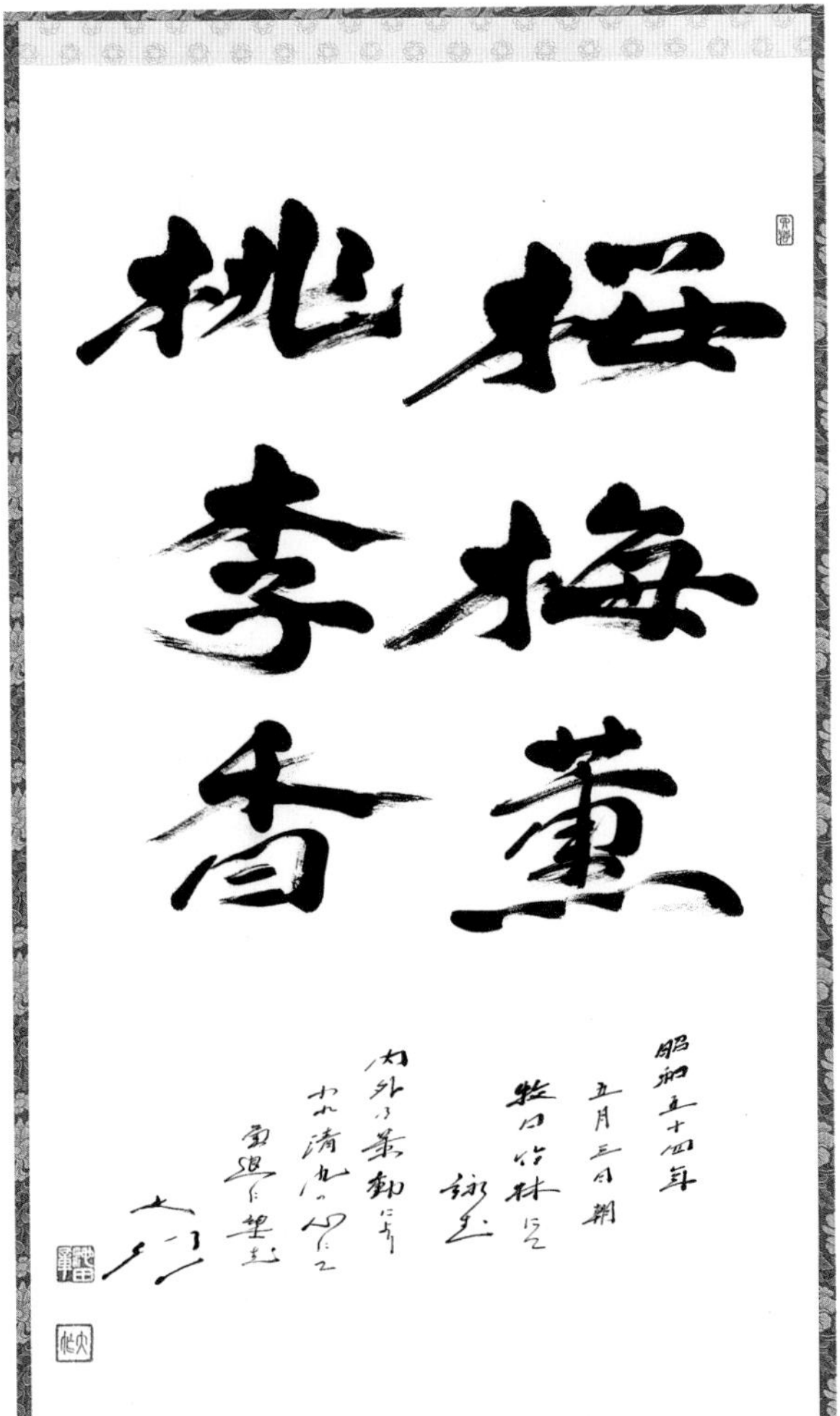

池田先生の書

大聖人が示《しめ》された、厳冬《げんとう》を勝ち越《こ》えた凱歌《がいか》の春に、「桜梅桃李《おうばいとうり》」という平和共生《きょうせい》の人華《にんげ》の園《その》を、世界中に薫《かお》り香《かお》らせゆかんと、人知れず心に期《き》したのである。

時は満《み》ち、時は来《きた》りて、晴《は》れやかな女性部の新出発とともに、多彩《たさい》な自体顕照《じたいけんしょう》の幸《さち》のスクラムが、いやまして広がり、嬉《うれ》しい限《かぎ》りだ。

*

御本仏《ごほんぶつ》の平等大慧《びょうどうだいえ》の御精神《ごせいしん》を踏《ふ》みにじる権威《けんい》主義、差《さ》別《べつ》主義の邪宗門《じゃしゅうもん》の衣《ころも》の呪縛《じゅばく》を解《と》き放《はな》ち、正義《せいぎ》の学会が「魂《たましい》の独立《どくりつ》」を果《は》たして三十周年を迎《むか》えた。

あの一九九一年（平成三年）の秋から年末にかけて、私は、関西の兵庫へ、大阪へ、中部の愛知へ、第二総東京へ、わが故郷《こきょう》・大田区《おおたく》をはじめ東京各区へ、大聖人有縁《うえん》の千葉、神奈川、静岡へ、そして埼玉へと、西へ東へ、動きに動いた。

その前進は、「文化音楽祭」など、創価の勇者《ゆうしゃ》たちの意気軒昂《いきけんこう》なる歌や舞《まい》と共《とも》にあった。さながら「まい《舞》をもまい《舞》ぬべし」「おど《踊》りてこそい《出》で給《たま》いしか」（新２１４５ページ・全１３００ページ）と仰《おお》せ通《どお》りの民衆《みんしゅう》の躍動《やくどう》である。

文化や芸術は、人間性の多彩《たさい》な開花《かいか》であり発露《はつろ》だ。それを教条的《きょうじょうてき》、独善《どくぜん》的《てき》な偏見《へんけん》によって排斥《はいせき》する、生命抑圧《せいめいよくあつ》の宗門《しゅうもん》と決別《けつべつ》し、我《われ》らは晴《は》れ晴《ば》れと進んだ。そして文化の力《ちから》で、世界の人びとを結《むす》んできたのである。

過日《かじつ》、八王子を訪《おとず》れた際《さい》、彼方《かなた》に秀麗《しゅうれい》なる白雪《はくせつ》の富士を望《のぞ》むことができた。

富士のある静岡、山梨の不屈《ふくつ》の同志たちのことが胸《むね》に迫《せま》る。ことに富士宮特区《とっく》の友は、「魂《たましい》の独立《どくりつ》」三十周年の記念日に大歓喜《だいかんき》で集《つど》い合《あ》った。痛快《つうかい》なる民衆《みんしゅう》の勝利劇《しょうりげき》に、私も快哉《かいさい》を叫《さけ》んだ。

〝富士宮の不二《ふに》の同志、万歳《ばんざい》！〟――と。

このほど、東海道の青年たちが、学会正義《せいぎ》を師子吼《ししく》して戦った先輩同志の闘魂《とうこん》を後世《こうせい》に残そうと聞き取り調査《ちょうさ》を行《おこな》い、証言集《しょうげんしゅう》として届《とど》けてくれた。その後継《こうけい》の心意気《こころいき》が誠《まこと》に頼《たの》もしい。

*

「芸術は世界を一《ひと》つに結《むす》びつけます」(1)とは、楽聖《がくせい》ベートーベンの言葉である。

本年、コロナ禍《か》に屈《くっ》せず、創価グロリア吹奏楽団《すいそうがくだん》、創価ルネサンスバンガード、関西吹奏楽団、また、創価シャイニングスピリッツ、創価グランエスペランサ、創価ジャスティスウィングス、創価中部ブリリアンス・オブ・ピースなど、各地の音楽隊・鼓笛隊《こてきたい》、さらに創価大学のパイオニア吹奏楽団等の活躍《かつやく》はめざましかった。

「創立《そうりつ》の日」記念の本部幹部会でも、世界の青年部と音楽隊によるベートーベンの「第九」（歓喜《かんき》の歌）が、全学会に満々《まんまん》と「飛躍《ひやく》の息吹《いぶき》」を行き渡《わた》らせてくれた。

「第九」といえば、四国の徳島や、福岡はじめ九州の友が歌い上げた大合唱も忘れることはできない。

ベートーベンに、「フィデリオ」という歌劇《かげき》がある。

「レオノーレ」という名の妻が「フィデリオ」という偽名《ぎめい》で男装《だんそう》して牢《ろう》獄内《ごくない》に潜入《せんにゅう》し、不当《ふとう》に捕《と》らわれた夫を助《たす》けるストーリーである。

劇中《げきちゅう》、厳《きび》しい困難《こんなん》を前に、レオノーレは歌う。

「希望よ来《き》たれ、疲《つか》れはてた人々の最後の星を消さないでおくれ。そして私の目標をてらしておくれ」

レオノーレの勇敢《ゆうかん》な行動は、夫を陥《おとし》れた悪人《あくにん》までも「何《なん》という法外《ほうがい》な勇気だ」と感嘆《かんたん》させていく。

最後には夫と全《すべ》ての国事犯《こくじはん》が釈放《しゃくほう》され、「高いよろこびの情熱《じょうねつ》でレオノ

ーレの気高《けだか》き勇気はたたえられよ」との大合唱が轟《とどろ》き渡《わた》る。(2)

それは、苦闘《くとう》の友を励《はげ》まし、いかなる大悪も大善《だいぜん》へと転《てん》じゆく、世界中の創価の女性たちへの喝采《かっさい》と響《ひび》き合っているのだ。

〝女性部一期生〟の労苦《ろうく》もあろう。しかし一切は後世《こうせい》の感謝《かんしゃ》と称賛《しょうさん》に変わる。その大確信《だいかくしん》で、どこまでも仲良く、朗《ほが》らかに、楽《たの》しい前進を、お願いしたい。

*

激動《げきどう》のこの一年、最愛《さいあい》のご家族を亡《な》くされた方々《かたがた》もおられるだろう。

大聖人は、母を追善《ついぜん》する四条金吾《しじょうきんご》に仰《おお》せである。

――亡《な》き母は釈迦《しゃか》・多宝《たほう》・十方《じっぽう》の諸仏《しょぶつ》の御宝前《ごほうぜん》におられて、「これこそ四条金吾殿《しじょうきんごどの》の母よ母よ」と同心《どうしん》に頭《こうべ》をなでられ、悦《よろこ》び褒《ほ》められていますよ、と(新1515ページ・全1112ページ、趣意)。

広宣流布《こうせんるふ》の真正の闘士《とうし》である学会員の父母《ちちはは》たちも、家族眷属《けんぞく》も、皆、永遠に、大聖人の御照覧《ごしょうらん》に包《つつ》まれ、三世十方《さんぜじっぽう》の仏菩薩《ぶつぼさつ》から讃嘆《さんたん》され、厳護《げんご》されゆくことを誇《ほこ》りとしていただきたい。

「希望・勝利《しょうり》の年」から、「青年・飛躍《ひやく》の年」へ！

忍耐《にんたい》と充実《じゅうじつ》の冬から、友情と福徳《ふくとく》の爛漫《らんまん》の春へ！　沖縄の桜の開花《かいか》も近づく。共戦《きょうせん》の喜《よろこ》びを沸《わ》き立たせ、地涌《じゆ》の青年を先頭《せんとう》に、さあ前進だ！

新春に
誓《ちか》い深《ふか》まる
師弟《してい》かな

（1）小松雄一郎編訳『新編　ベートーヴェンの手紙（下）』岩波書店
（2）アッティラ・チャンパイ、ディートマル・ホラント編『名作オペラブックス3　ベートーヴェン　フィデリオ』台本対訳＝坂本健順、音楽之友社を引用・参照

池田大作（いけだ・だいさく）

1928年（昭和3年）、東京生まれ。創価学会名誉会長。創価学会インタナショナル（SGI）会長。創価大学、アメリカ創価大学、創価学園、民主音楽協会、東京富士美術館、東洋哲学研究所、戸田記念国際平和研究所などを創立。世界各国の識者と対話を重ね、平和、文化、教育運動を推進。国連平和賞のほか、モスクワ大学、グラスゴー大学、デンバー大学、北京大学など、世界の大学・学術機関の名誉博士・名誉教授、さらに桂冠詩人・世界民衆詩人の称号、世界桂冠詩人賞、世界平和詩人賞など多数受賞。

著書は『人間革命』（全12巻）、『新・人間革命』（全30巻）など小説のほか、対談集も『二十一世紀への対話』（A・J・トインビー）、『二十世紀の精神の教訓』（M・ゴルバチョフ）、『平和の哲学　寛容の智慧』（A・ワヒド）、『地球対談　輝く女性の世紀へ』（H・ヘンダーソン）など多数。

随筆
人間凱歌《がいか》の光彩《ひかり》

二〇二三年十一月十八日　発行

著　者　池田大作
発行者　小島和哉
発行所　聖教新聞社
〒一六〇-八〇七〇　東京都新宿区信濃町七
電話　〇三-三三五三-六一一一（代表）
印刷所　光村印刷株式会社
製本所　牧製本印刷株式会社

＊

定価はカバーに表示してあります
落丁・乱丁本はお取り替えいたします

ISBN978-4-412-01701-6